"传媒艺术学文丛"编委会

编　委　胡正荣　苏志武　廖祥忠　仲呈祥　徐沛东　胡智锋
　　　　段　鹏　王　宇　伍建阳　周　涌　贾秀清　李俊梅
　　　　黄心渊　关　玲　李兴国　路应昆
主　编　彭文祥
副主编　付　龙　邢北冽

民间生肖文化与现代服饰设计

Minjian Shengxiao Wenhua
yu Xiandai
Fushi Sheji

李楠 著

中国传媒大学 出版社
·北京·

目 录

CONTENTS

第1章　民间生肖文化概述　/ 1
　　1.1　民俗中的生肖文化　/ 1
　　1.2　民间生肖文化传播的当代意义　/ 3
　　1.3　生肖文化的保护与传承　/ 8

第2章　生肖符号的文化解读　/ 11
　　2.1　子鼠与"鼠咬天开"　/ 11
　　2.2　丑牛与"牛辟大地"　/ 17
　　2.3　寅虎与"神虎镇邪"　/ 24
　　2.4　卯兔与"月中玉兔"　/ 31
　　2.5　辰龙与"苍龙布雨"　/ 36
　　2.6　巳蛇与"龙蛇之变"　/ 44
　　2.7　午马与"天马行空"　/ 48
　　2.8　未羊与"羊致清和"　/ 55
　　2.9　申猴与"灵猴神通"　/ 59
　　2.10　酉鸡与"鸡有五德"　/ 65
　　2.11　戌狗与"狗亦风神"　/ 71
　　2.12　亥猪与"奎日封豕"　/ 75

第3章　从生肖文化到生肖应用　/ 85
　　3.1　从生肖看古代工艺装饰思想　/ 85
　　3.2　现代服饰的民间艺术情结　/ 92
　　3.3　生肖持续风行的文化学思考　/ 109

3.4　以生肖作题，设计实用之为　/ 118
　　3.5　生肖珠宝艺术与传统吉祥文化　/ 130
　　3.6　传统生肖元素的现代设计表达　/ 148

第4章　生肖主题的服饰设计　/ 153
　　4.1　"镜窥中国"：中国文化对设计的影响　/ 153
　　4.2　生肖在服装设计上的现代性转换　/ 171
　　4.3　生肖在服装配饰上的日用化设计　/ 181
　　4.4　生肖在衍生产品上的趣味性改造　/ 185
　　4.5　生肖在品牌VI设计中的拓展应用　/ 186

参考文献　/ 190

附录一　Research of the essence of heaven, earth and man ideology and the culture of the Chinese Zodiac　/ 191

附录二　历峰旗下品牌"上海滩"调研有感　/ 200

后　记　/ 205

目 录

第1章 民间生肖文化概述 / 1
  1.1 民俗中的生肖文化 / 1
  1.2 民间生肖文化传播的当代意义 / 3
  1.3 生肖文化的保护与传承 / 8

第2章 生肖符号的文化解读 / 11
  2.1 子鼠与"鼠咬天开" / 11
  2.2 丑牛与"牛辟大地" / 17
  2.3 寅虎与"神虎镇邪" / 24
  2.4 卯兔与"月中玉兔" / 31
  2.5 辰龙与"苍龙布雨" / 36
  2.6 巳蛇与"龙蛇之变" / 44
  2.7 午马与"天马行空" / 48
  2.8 未羊与"羊致清和" / 55
  2.9 申猴与"灵猴神通" / 59
  2.10 酉鸡与"鸡有五德" / 65
  2.11 戌狗与"狗亦风神" / 71
  2.12 亥猪与"奎日封豕" / 75

第3章 从生肖文化到生肖应用 / 85
  3.1 从生肖看古代工艺装饰思想 / 85
  3.2 现代服饰的民间艺术情结 / 92
  3.3 生肖持续风行的文化学思考 / 109

3.4 以生肖作题,设计实用之为 / 118
3.5 生肖珠宝艺术与传统吉祥文化 / 130
3.6 传统生肖元素的现代设计表达 / 148

第4章 生肖主题的服饰设计 / 153
4.1 "镜窥中国":中国文化对设计的影响 / 153
4.2 生肖在服装设计上的现代性转换 / 171
4.3 生肖在服装配饰上的日用化设计 / 181
4.4 生肖在衍生产品上的趣味性改造 / 185
4.5 生肖在品牌VI设计中的拓展应用 / 186

参考文献 / 190

附录一 Research of the essence of heaven, earth and man ideology and the culture of the Chinese Zodiac / 191

附录二 历峰旗下品牌"上海滩"调研有感 / 200

后　记 / 205

第1章 民间生肖文化概述

1.1 民俗中的生肖文化

目前,国际上最重要的一项文化行动就是保护和传承社会民俗文化。当代民俗学家张紫晨教授在上世纪八十年代对"民俗"一词作出定义:"民俗就是下层人民创造的、用来自我教化或传习已久的东西。在这个基础上我们可以给民俗下个定义:创造于民间、传袭于民间的一种文化现象。它是一个国家、一个民族历史上传承下来的民间文化现象,特别是在人们所创造的物质文化与精神文化当中带有传承性的行为、生活习惯、思想意识等。"可见,民俗体现了人们代代相传的行为规范和非制度化的观念仪式。如何有效地传承民俗文化,就需要我们了解它的生存环境、文化功能和精神内涵,了解它与我们生活脐带相连的关系,这样我们才能在文化转型的现代社会中找到最合适民俗文化发展的方式。基于这样的背景,本书选择了从民俗大观的生肖视角来探讨文化发展应用的话题。

作为无形文化,生肖与人们的日常生活密切相伴,正因为人们对生活中的生肖事项非常熟悉,对已有的生肖习俗屡见不鲜,甚至到了视若无睹的程度,而忽视了它们的遗产性质。随着"人类口头与非物质文化遗产"概念的深入人心,各种各样的传统生肖表现形式(如民俗活动、表演艺术、知识和功能,以及与之相关的器具、实物、手工制品等)和文化式样都需要我们重新审视和保护。

生肖是如何出现的?简言一句话,它取自自然,得之天成,是古人观察大自然环境与气候变化而累积的智慧经验。古人生活在自然经济条件下,气候因素对长期靠天吃饭的人来说作用尤为显著,昼夜交替、日月更迭、斗转星移、潮汐涨落,给人们带来了关于历法星算、四时八节的经验和认识。人们带着这些朦胧的天文学背景,将长久以来信仰的动物图腾,加之与农业文明最密切相关的动物,用于解释大自然的神秘气象。动物与星象的浪漫结合,发挥出重要的记录时间和"存档"的作用,这些动物被用来记录寒暑交替的循环往复,逐渐出现了纪年、纪月、纪日、纪时的功能，其中尤以纪年为重。所以说，生肖实际是一种祭祀时间的文化形态。生肖文化包含了三层意义，一是属相，二是干支，三是神秘数字"十二"。

按我国农历纪年，从年初到岁末十二个月都有与气象相对应的习俗，活动过程中也都缺少不了民间生肖的相伴。宋代的《东京梦华录》和清代的《清嘉录》等文献都记载了有关生肖习俗的详细活动，其他民俗事项如人生礼仪、宗教仪式、婚丧嫁娶、游艺活动等也都有生肖的参与。例如陕北自古干旱少雨，至今农村还有很多龙王庙，也用"龙王降雨""祈雨图"这类剪纸来祈雨，这种民俗活动与龙能翻云弄雨、与水有关的生肖题材关系更为密切，保留着气候影响的遗迹。

民俗是中国传统文化和社会心理的活态表述，那么它必然成为一个历史的概念，最主要的特点就是历史的延续性，即传承性。需要关注的是，民俗的传承过程也是不断变迁演化的过程，有些习俗被自动淘汰了，有些形式保留下来但内容却发生了改变。生肖习俗的传承，是在下意识的自发状态中进行的，当人们重复着祖先流传下来的生肖知识的时候，也大都是知其然，不知其所以然，很少有人去追究它们的含义。人们津津乐道地谈论属什么，却没有问为什么，可见生肖在一种自觉不自觉当中以熟悉的方式或约定俗成的模式，"缘乎情、近乎理"地传承下来。

但传承过程必然会有变异。传承与变异是交织在一起的民俗特性，任何一种民俗事项都不会完全封闭、孤立存活，虽然文化的主体会一脉相承，但由于外部社会和自身求新求变而有所变异，所以说，传承的继续依赖于变异，变异是为了传承过程中有所与时俱进的创新。与民俗事项交织相伴的是丰富多彩的民间艺术，民俗与民艺相融相合，直观形象的民艺是开展民俗活动的重要表现形式。民艺是民俗的载体，同样民俗又是民艺的内容，二者是内容与形式的关系，互为表里，相辅相成。

以兔儿爷为例，请兔儿爷是老北京的习俗，传说兔儿爷来到人间是为了治病救人，常年辛苦捣药驱除时疫，所以它通常三瓣嘴紧闭，嘴角向下，严肃威武。但如今的兔儿爷在表情上发生了变化，从北京"泥人张"的兔儿爷中发现，原先的三瓣嘴下面多了一条向上弯曲的弧线，一笔之差就让原本肃穆庄严的兔儿爷变得亲和了。北京老话说"兔儿爷的旗子——单挑"，因为兔儿爷身后只插一面旗。但有的创意软陶店出售的兔儿爷身后一面旗都没有，或者有的多有的少，还有像京剧舞台上的武生那样插上四个靠旗。如此多的变异令彩塑泥兔非遗传承人双彦提出质疑:"兔儿爷这种脱胎于民间习俗的物件儿,它承载的民族记忆极其有讲究,是不能随心所欲去创作的。兔儿爷身后只有一面旗是有历史渊源的,它和兔儿爷的发祥地有关,人们是在寺庙里发现兔儿爷的,而寺庙的山门外只有一个旗杆,为了纪念兔儿爷,人们就在它的身后也插了一面旗。现在的人们为了视觉效果,把真正的民俗内涵都丢了。"

专家对兔儿爷的造型一丝不苟,但老百姓似乎并不介意,因为今天的人们对兔儿爷形象根本不熟悉,这是城市变迁过程中必然会出现的文化重新认可的现象。不可否认的是,兔儿爷泥玩具早已失去了本原的含义而被附会为各种各样的解释,它原有的祭祀含义也已随着习俗的变迁消亡了。但我们也不必去为业已失传或正在消失的生肖艺品而胆战心惊,重要的是在整理发掘兔儿爷造型的同时,研究它存在的文化价值及其地位和作用,传承和变异是民俗发展的必然属性,只有在这个前提下,才能谈得上研究民俗的变迁。

时至今日,相比其他民俗,生肖文化仍然是活态传承得较好的文化遗产之一。和西方的星座一样,十二生肖也是对自然现象和规律的总结,它背后有许多故事和文化内涵值得挖掘。经过整理和创新,生肖文化能更好地适应现代生活,满足人们的精神需求,也为生肖文化申报国家级"非遗"和世界"非遗"做好学术和技术层面的准备。

1.2 民间生肖文化传播的当代意义

生肖是我国民俗文化的独创之一,它不仅用十二种动物表示人的岁数,对应人的生命之年,同时还广泛介入生活中的各个领域,围绕生肖也产生了丰富的民间习俗、文化内涵和审美风尚。可是,人们虽然对生肖非常熟悉,但却往往并不真正了解。

不管生肖物化的程度是雅是俗,它都不单有物质的属性(字符和图案为特征标志),还有显著的文化属性。在古代漫长的小农经济社会结构里,十二生肖是承载和实现十二地支观天象、定历法的重要传播工具。在大工业时代,生肖以其鲜明的个性化和与生俱来的中国特色区别于大机器时代的文化产物,显示出珍贵的人文价值。在全球化浪潮日盛一日的时代,因生肖承载了丰富的历史文化信息和独特的存在形式,所以它成为传播文化多样性的重要方面。

生肖主要依靠文化来传播,其中,天文、数学、哲学、民俗中的天干地支、阴阳五行、生辰八字、岁时节庆、人生礼仪、宗教信仰、衣食住行、文学艺术等各个领域都与生肖关系密切。生肖最能体现社会文化与人们生活之间最原始、也最本真的关系。文艺理论家王朝闻曾说:"巨大的社会功利的内容和效果经由实用到审美的过渡的漫长历史进程,已沉淀在一种似乎是非实用、非功利的(如娱乐、游戏的)心理形式里,恰恰正是通过这种似是而非实用功利的形式来实现重大的社会功利的目的。人们通过这种娱乐、观赏,在思想感情上得到熏陶、潜移默化,起了不能为其他意识形态所代替的教育作用。"这段话印证了生肖文化润物细无声的社会影响力和生命力。

今天我们身处文化保护意识空前高涨的时代,同时也是生肖的生态空间需要重新得到重视、生肖的应用需要创新设计的时代,回顾生肖文化,撷取传播菁华,思考其当代意义,目的是为了指导当代生肖主题的商品生产和文化生产。

1.2.1 生肖的文化依托

什么是生肖文化,直到今天学术界仍没有一个达成共识的定义,原因是其发轫存疑颇多。生肖起源有多种说法:始于"史前说"、始于"春秋说"、始于"东汉说"、始于"魏晋南北朝说"。古籍《史记》载皇帝"建造甲子以命岁""大桡做甲子",这里的"甲子"是指天干地支,并无动物的对应。春秋时期的《诗经·小雅·吉日》中"吉日庚午,既差我马",已将"午"与"马"对应。出土的秦简《日书》又有《盗者》篇,把十二时辰对应上动物形象,以作占卜盗者相貌特征之用。此后的《楚辞·离骚》里,屈原"惟庚寅吾以降",用诗句申述生辰。三百年后,王充《论衡》中的《物势篇》和《言毒篇》两篇,十二地支配十二动物已经完整,常作为生肖最早且最完备的记载。然而,当代学者范曾提出:"当十二地支对应着十二种动物的时候,我们还不能说这叫做十二生肖,必须对应人之生年才是生肖的本义。"提供生肖信息的确证终于在南北朝时出现,《南齐书·卷十九·志第十一》有文载,"东昏侯属猪,马子未详,梁王属龙,萧颖胄属虎",《周书·列传第三·晋荡公护传》也出现了"大者属鼠,次者属兔,汝身属蛇"的记录。我们可以肯定,自东汉至南北朝,人们逐渐将十二地支的相应动物与人的生年相合,丰富了干支纪年,使生肖成为人们记载生年的便于记忆的简易方法。

从以上史证我们可以看出,生肖是一种标识性的文化,它既作为农历年的简称,又表示人们的属相,与生俱来,一生不变,具有突出的标识功能。值得重视的是,生肖与动物之间因此被划下了一道鸿沟,以文化的依托和集结来区隔生肖与动物。人们时而把生肖与动物分开讲,时而又合并在一起谈。不管何种方式,只有根植于早期天文学土壤中,用于纪岁、蕴含丰富符号系统的才是生肖;反之,只关注科属、生态、习性和生活环境的仅仅是动物。

十二生肖除了用于纪年,还有"昼夜十二时辰"的解说。前人的这种说法认为,生肖存在的逻辑关系和排列次序由动物每天的活动时间所确定:天开在子,子时鼠最活跃,于是"夜尚未央,鼠得令之候";地辟于丑,牛正反刍,"故丑属牛";人生于寅,"有生则有杀,杀人者,虎也",所以寅属虎;卯是日出之时,对应太阴玉兔,故卯属兔;辰王妃三月之卦,正值行雨佳时,所以辰属龙;巳为四月之卦,此时草木茂盛,蛇开始活跃,又因为"巳时蛇不上道",故巳属蛇;午时阳气正盛,"马至健而不离地",所以午属马;未时羊吃草而壮,故未属羊;申时日落猿啼,猴正欢,所以申属猴;酉为月出之时,对应太阳金鸡,故酉属鸡;戌时入夜,狗负责守夜,所以戌属狗;亥时天地混沌,猪酣睡,故亥属猪。

明代学者郎瑛还曾提出以动物习性特点来说明生肖的选取标准。今天看来,这十二种动物的确与人们的日常生活关系密切:牛、马、羊、鸡、猪、兔是人类垦荒、拓殖、肉乳、司晨、积肥、毛裘的资源;狗是人类狩猎、护宅的伙伴;猴是人类近亲的智灵动物;蛇鼠是生活中常见的动物;虎既威严又仁义;龙是图腾崇拜的结果。十二种动物被人格化,赋予它们以人格的灵性,被尊为"生命的符号",正说明"天人合一"思想是指导十二生肖文化的最高哲学。与此同时,人与自然和谐共处的道家思想也是衡量生肖文化的最高哲理标准之一。可以看出,在生肖解说方面,我们的先人糅杂了十二月份说、十二时辰说、动物习性说等诸多说法,诸说之间相互影响,丰富了生肖文化的内容。

1.2.2 生肖文化的品格与性灵

站在古代哲学的视点上,我们对生肖文化的思考要更加深入,这不是对生肖动物的简单化,恰恰是对生肖精神境界的提升。随着历史的演进,十二生肖融入了古代哲人所提倡的美的德行、适度的和谐以及与物有情的观念,以美好的愿望、理想的追求、精神的向往、感情的寄托和心理的平衡成为一种精神文化,寓意美好吉祥,志存奋发向上,这正是生肖文化中最值得重视的、最优美的灵魂,亦是中华民族传统美德之精髓所在。生肖文化正因此才历经千古而不衰,生生不息而远播四方。

重视生肖的性灵品格以及把生肖作为寄托化存在的方式,在如今的社会发展阶段中具有特别重要的实践意义。

在商品经济的深度介入下,今天的生肖工艺品很容易出现"只见物、不见灵"的问题,属于生肖"美善相乐"的性灵消失得很快,原本依附于自然的生命符号功能也越来越淡化。究其原因，还是因为设计者缺少对于生肖文化品格和境界的追求意识。在全国各地，近年来新出现的一些文化市场和旅游乡镇，都在开发有关十二生肖的工艺美术纪念品，绝大多数都采用机械复制动物形象组合成十二生肖，设计和工艺流程不断简化，普遍性取代了个性。这些粗制滥造又价格低廉的铜雕生肖、木雕生肖、石雕生肖、陶瓷生肖、玉雕生肖，还有泥塑、织绣、剪纸、年画等生肖商品，在蕴藏极大商业价值和开发潜力的同时，不禁令人感叹传统生肖的品格和意味已经近乎消失，只留下一个个空洞的动物形态。

不可否认，今天的生肖传承脱离不了商业生产，它发轫于民间，所以也脱离不了当代大众生活。当代的生肖工艺品要在市场竞争中获利，必须要想办法让自己的设计产品提升文化附加值。而要做到这一点，对生肖品格和境界的强调是很有实践意义的。围绕十二生肖，人们编织了诗意浪漫的故事，形成了丰富多彩的习俗，如老鼠嫁女、牛郎织女、艾虎祛毒、玉兔捣药、神龙布雨、腾蛇驾雾、马到成功、三阳开泰、封侯挂印、鸡日迎春、灵犬司风、斗魁亥猪等结合节令习俗的充满想象的趣味故事。尤其是新春佳节之时，更将值岁的生肖作为当年的瑞祥之物，寄托福祉与愿望。十二生肖的传播与中国民间文学与工艺美术的表现和阐释密不可分。古代的建筑、陵墓，以及服饰、器皿等用品中经常出现十二生肖的符号和图案，出现最多的是腾云的"龙"、矫健的"马"、勇猛的"虎"等，纷繁多样的设计演绎使生肖文化深入人心。

生肖文化的设计者只有加强文化修养，提升自己的精神追求，这样才能在自己设计的产品上留下美和性灵的生肖印迹，少些粗糙庸俗。

1.2.3 生肖文化的感性传播

越是古老的民俗就越是被模糊性缠绕着。民俗文化与现代意义上的文明的差异是显著的，现代文明背后都是科学原理，它们本身极力排除个案因素，是可定量的。然而，民俗文化的知识，包括发轫、演变、转化、传播以及对其他文化的影响等，几乎都要借助"感性"这一最本能的工具来体现。

生肖文化中那些结合了天象、人与动物的神秘特质可能仅仅是文化中的一小部分，但却是最令人神往的部分，可以说它是区分生肖与动物的标志性内容。我们今天传承生肖文化，应该特别重视生肖知识形态的这一感性特点。那些无形的"寓意""比附"等形式往往是维系传统生肖面貌的最重要基础。例如麒麟珠宝开发的"十二生肖"系列产品，就寄予了吉祥的祝福，如同吉祥物或信物一般，成为美好幸福的象征。设计者称，无论是佩戴与当年属相相同的生肖配饰，还是选择能与自己属相相互辅佐的其他生肖配饰,都能助长事业、财运、感情或健康的福运。

古代的天文历法带有巫卜的神秘性,由于岁阳、岁名的怪异,古人迷信谶纬,在封建社会生肖常用作占卜看相的工具。明代学者杨升庵认为"汉世术学,创为此名,藏用隐字,以神其说",这些关于生肖的种种疑窦和"神其说",有些至今还在坊间流行传播,那些讨论十二生肖与人生命运、性格、婚姻、事业以及前程的书刊,似乎也很畅销。但随着时代的发展,现代人不再迷信缺乏科学根据的东西,那些有意将生肖神秘化的迷信行径越来越站不住脚,在科学昌明的新时代,生肖被赋予了崭新的寓意。

如今在天文科学很发达的条件下,对涉及传统生肖文化的纪年法、排序性等可作一定的科学解释。我们在尊重民俗文化的个性和地方性的同时,对生肖文化神秘卜算的荒诞做法也要有所批判,但生肖寓意于物的态度是值得肯定的。自先秦始,以动物比德、砥砺人格的做法逐渐形成传统,今天人们对生肖的重视也有类似的意图,人们在用生肖表达年岁的同时,还表现出别样的精神诉求,把它们视作日常生活增添喜庆、吉祥的重要手段。围绕着生肖,既有传神写照的造型艺术,也有感物寄意的诗词寓言,包含着人生的哲理与追求。

1.2.4 生肖文化的对外传播

生肖文化不仅在汉族当中流传,在许多少数民族当中也常见,由于地域及文化的不同,各民族的十二生肖存在些许差异,动物的先后顺序或阵容组合也不尽相同。新疆柯尔克孜族的十二肖兽用"鱼"和"狐狸"取代了"龙"和"猴",应当与他们的游牧生活有关。蒙古族不以"鼠"为始,而以"虎"为首。不同地区的彝族十二生肖也不尽相同,偏远山区里的彝族,生肖中有"蚂蚁"和"穿山甲",靠近汉区的川滇黔彝族的十二生肖则与汉族一样。海南黎族以"鸡"为首,"猴"殿后,并用"虫"取代"虎",大约与海南无虎但虫多有关。傣族有"象"生肖,等等。总之,民间约定俗成的事物,有的虽说不清,但我们早已习惯把形式和象征隐喻看作评判文化的最核心标准。所以,不同地区的生肖文化普遍能折射出该地的社会风尚,当然也能反映出当地人们的现实处境和理想愿望,即使是最原始的部族里形成的生肖也都存在丰富的隐喻。

在如今开放的社会环境里,生肖文化不仅影响到中华民族的每一份子,而且传播至世界各地。许多国家特别是东方国家普遍沿袭了中国的十二生肖文化。印度有十二肖兽,用"狮"取代"虎";越南以"猫"代"兔";日本、朝鲜、韩国、柬埔寨的生肖都与中国相同；泰国的仅是顺序不同，由"蛇"开头；缅甸则是八大生肖。欧洲人也以十二种动物来对应天象，埃及和希腊有十二兽历，墨西哥也有十二生肖，大多使用的是当地所常见的动物。由此可以看出，生肖文化在世界各地的民间都有广泛的基础，有的可以说根深蒂固，生肖的巨大魅力为其传播范围提供了很大的开放性。

生肖邮票一直是我国承载对外传播生肖文化的最主要的载体之一，自1980年第一轮生肖邮票"猴票"问世，便在我国收藏界掀起了生肖邮票的研究和收集热。每年的1月5日，新年伊始，生肖邮票恰逢其时地为人们带来生肖年的信息，不仅受到集邮者的喜爱，而且受到其他收藏者乃至普通民众的欢迎。邻邦日本是世界上最早发行生肖邮票的地区（1950年发行虎年生肖邮票），这充分说明了我国生肖文化对外传播的影响力。目前，世界上有90多个国家和地区发行过2200多种生肖邮票，从一个侧面展示了中华文化在世界各地传播的状况和影响，生肖邮票已被公认为是世界上连续发行时间最长、题材内容最统一的集邮专题。不可否认，在当代数字应用与电子邮件的迅速普及下，邮票的使用量锐减，但生肖文化却早已被世界所熟知。今天我们重新审视生肖文化，鉴于它在人们的日常经济、社会生活中的深厚内涵，我们肯定生肖文化对国计民生的辅助力以及对形成不同社会风气的影响力。

在社会变迁的时代里，生肖文化的生态环境已经发生了改变。今天，中华民族迎来了伟大复兴，必将推动生肖文化传播的新高潮。十二生肖作为一种国粹，凝聚了中国几千年的历史，是中华民族的智慧结晶，它通过千百年的民俗演绎已深入人心。把十二生肖进行巧妙的组合、展示，赋予其吉祥、喜庆、财运、幸福的文化内涵，带动了一种中国传统的流行和时尚，成为我国文化传播过程中的重要内容。这一源于中国的文化现象得到了国际认同，被看作是能带来经济发展的新的重要的增长点。如何让传统生肖民俗在现代工业文明和信息文明的长河中继续发展，需要我们在生肖文化的认识与保护上做更多元的探索。

1.3 生肖文化的保护与传承

受全球化和互联网影响的今天，经济和技术日益一体化，当代经济与商贸活动带来了资本的全球性流通，产品在任何地方都能畅通无阻，人们生活、消费等各方面的差异正在缩小。在此背景下，不同族群或者地域的固有价值与文化传统受到了挑战。全球化并不能保护和促进文化的民族性、地方性和传统特定性，反而轻而易举地把弱势的、小众的文化稀释消解，尤其是发展中国家没有力量抵抗外来文化，现状令人担忧。在我们国家，无论是偏远的少数民族地区，还是沿海地区的城市，近些年来社会结构所发生的变化对民族传统和地方风格同样产生了冲击。对传统文化多样性的保护正是在这样的情况下成为社会不少人士所推崇的主张。

作为多元文化的一支，"生肖文化的保护与传承"的概念无疑是在全球化背景下提出的，它本身包含了中国历史学、天文学史、民俗学和图腾史等诸多方面的文化要素。十二生肖的组合看似简单，却是难以厘清的历史谜团，这里面既有幻想和臆测，也有迷信与杜撰。复杂的问题成就了有趣的诗意的文化事象，它的背后有具备实际功能的文化特征在支撑——春节纪年、属相纪岁，这些文化特征联系起来，加上我们历史悠久的多民族社会，生肖便具有了一个立体的文化空间。可以这样说，生肖既存在于儒、道、释这样的文化大传统里，又存在于民间宗教、艺术、习俗等丰富的文化小传统里；既生长于汉文化当中，也在少数民族的文化历史里遍地开花。生肖借助于易经、禅学、五行八卦、民间工艺、民间艺术、国画、书法等文化事象，形成了文化的辐射面，也因为有了与众多文化事象的联系，生肖文化才得以拓展，具备了可识别的标志符号。其中每一个小符号都具备自己的功能性，在一定的文化环境中能找到它的意义。

要探讨生肖元素的现代表达，首先要厘清生肖的形成过程、具有的特色和发展趋向。生肖文化以民俗的方式繁衍生息，源远流长。这些民俗与人们的生活息息相关，直到今天也是我们成长记忆中的标识，可惜对于它背后的深层次意义却鲜有人关注。生肖取数"十二"，蕴涵着我国文化的精粹。天干与地支，前者取数为十，同数学的十进制相一致，据说是原始人受到双手十指数数的启发；后者取数为十二，这个"十二"是与高深莫测的"天"相关的数字。《左传·哀公元年》有记载："周之王也，制礼上物，不过十二，以为天之大数也。"杜预解释说，"天有十二次，故制礼象之"。《礼记·郊特牲》规定郊祭仪程，也记录有："祭之日，王被衮以象天，戴冕璪十有二旒，则天数也。""旗十有二旒，龙章而设日月，以象天也。"同样以"十二"为"天数"。郑玄注："天之大数，不过十二。"《汉书·律历志》中同样有类似的内容："五星起其初，日月起其中，凡十二次，日至其初为节，至其中斗建下为十二辰。视其建而知其次。故曰：'制礼上物，不过十二，天之大数也。'"天时也以"十二"为纪。《周礼·春官·冯相氏》："掌十有二岁、十有二月、十有二辰。"可见，"十二"表示"天之大数"，它是古人观天文、制历法的初期天文学成就。岁星以十二次为一周期，一岁有十二个月，连通十二地支、十天干、二十八星宿，"十二"是关于岁序更迭、天体运行规律的数字。"十二"的整倍数和分解法，都渗透着古人对于这些数字的崇尚，如兵法的三十六计，道教的三十六洞天、七十二福地，行业有三十六行、七十二行，六六大顺、四平八稳等。

十二地支，在古代天文学上充当时间刻度和方位符号。子午线采用了十二支的子，表示正北，午，表示正南，是纵贯南北的经线，同时，卯和酉被用为正东和正西的标志。十二支也表示十二个月份和一天里的十二个时辰。古人敬天、奉天、法天，因此，"天之大数"的"十二"，常常超出谈天说地的范畴，也用来解释人。生肖，以十二地支代表每个人出生的年龄，生于哪年就属于哪个属相，相伴一生。道教以十二生肖为原型，派生出了二十八宿神，构成中国古典天文学的独特事象。南朝画家张僧繇所绘的《五星二十八星宿真形图》，为二十八宿配上动物神像，明显是对十二生肖形式的套用。道教还以六十个星宿神为值年太岁，又称六十甲子本命神，这是古人用十二地支配十天干形成以六十为单元的干支序数系统。古代汉译佛经中记载有十二生肖，佛教有十二神将之说，他们是药师佛的侍卫。药师十二位神将每位以一种动物为坐骑，这十二种动物正好组成十二生肖。神将双腿处于一侧侧坐，遵循了佛教人物造像的特点。有的则绘为立于生肖动物之上。再有一种形式，在神将头上表现生肖。敦煌壁画中可见以十二生肖对应十二神将的例子。由此可见，生肖文化表现出多元文化的丰富性，对它的认识，应是与其他文化一起，增强对生肖文化价值的认知和认同，以便令其真正适应新时代、新环境的文化选择。对生肖文化的保护并不是我们唯一的目的，不能把它当作"活化石"供展览用，也不能将其简单地复制到我们的生活里，重要的是使人们借此能充分理解蕴涵在生肖文化之中的中华民族特有的精神价值、思维方式、想象力和文化结构。

作为一个当代的设计者，如何合理使用生肖元素、进行现代风格的表达，这是一个值得深思的课题，并非易事。生肖文化在中国的环境中产生了独特风格，这种风格和国人传统的生产、生活习惯息息相关。上海复旦大学葛兆光教授表示，"传统元素"不是一些简单的表象，文化象征背后有历史和精神贯穿其中。用现代的手法去诠释传统，需要防止将"中华元素"变得"碎片化"。南京艺术学院徐艺乙教授认为，并非一看到某种图案或符号就一概而论为传统元素，传统元素承载的中华文化才是基础，它才是真正需要保护的。

第2章 生肖符号的文化解读

2.1 子鼠与"鼠咬天开"

图 2-1 丙子年生肖鼠邮票

2.1.1 子鼠的生肖神格

生肖动物十二种,子鼠占据第一位。

古人以子、丑、寅三地支为三正,用于解释世界之初的乾坤始定、万物初创。唐代张守义《史记正义》中记载:"三正,三统也。周以建子为天统,殷以建丑为地统,夏以建寅为人统也。"子、丑、寅对应天、地、人,组合成的三正是一个完整的文化单元。此后,这个过程被演绎为宇宙生成的玄奥所在,如宋代王应麟编撰的《三字经》中,就有"三才者,天地人"的句式。至明清,"子、丑、寅——天、地、人",已是一个相当大众化的话题。明代王逵《蠡海集》所言:"天开于子,地辟于丑,人生于寅"。清代尤侗《看鉴偶评》记载"子为天正,丑为地正,寅为人正"。三正是三代的岁首,夏正建寅,殷正建丑,周正建子。清代许印芳《增订发蒙三字经》增为"天开子,地辟丑,人生寅,万事有",阐释更为具体。在这样的文化常识的大背景之下,古代关于子鼠的遐想,往往带着哲学味道。

比"三才"之说更为通俗的说法,是子时为夜半,故以此作为鼠之依据。明代《七修类稿》写道:"子虽属阳,上四刻乃昨夜之阴,下四刻乃今日之阳,鼠前足四爪象阴,后足五爪象阳故也"。这一说法着眼于子夜时分连接昨日与今日。清代刘献廷《广阳杂记》引用李长卿《松霞馆赘言》的观点,从十二时辰的角度,谈昼取代夜,子鼠天开、丑牛辟地,如同盘古创世一样。上古时候,天地混沌一片,是鼠将混沌咬破,使天地得以分开,日升月落,才有了人的诞生。这个"鼠咬天开"的传说,为鼠列十二生肖之首创造了有力的依据。

在民间故事里,有许多关于生肖来历的传说,其中说鼠的最丰富。讲十二生肖来历时最常见到的是以竞争上岗、报名遴选为故事情节。传说皇帝选生肖,以赛跑角逐名次,结果鼠伏在牛的背上窃得第一。这个故事的流传很广,连美国科学家爱伯哈德《中国符号词典——隐藏在中国人生活与思想中的象征》书中都有复述:"鼠是中国人生肖中的第一种动物。有个故事讲,本来牛是要排在生肖之首的,但大家没注意到老鼠偷偷地伏在牛背上。因此,动物们排好队开始点数时,老鼠跳了下来,得到了第一名"。

马昌仪写过一部研究子鼠的专著《鼠咬天开》,书中介绍了大量子鼠来历的传说,其中一则流传于福建晋江的故事是说:唐三藏取经时,有一部《甲子经》藏在如来书库的角落里,一鼠把这部经书偷出来给他。唐三藏为了报答鼠,便封鼠为十二生肖之首。这个故事构思巧妙,可见子鼠在佛教里早已出现,也说明民间普遍认为鼠是一种智商颇高的小动物。

2.1.2 子鼠的民间习俗

原始的思维定势,导致先民对鼠产生了许多奇特的想象。鼠的繁殖力非常强,让信仰生殖崇拜的古人感到神奇,崇拜有加。早在1999年《诗经》国际学术研讨会上已有人提出,《诗经》中的《硕鼠》不是刺敛反贪的诗,而是"一首典型的带有浓郁原始宗教色彩的驱鼠歌谣"。依照先民的思维模式,目的是驱鼠,但体现出来的却是崇鼠的风俗。被传统年画表现得异常热闹的"老鼠嫁女"就是一个绝妙的例证,《硕鼠》与"老鼠嫁女"两者所表现的人类心理是一样的,鼠神崇拜,其实是对鼠害的曲折的反映。崇鼠习俗除了盛行于南方民族,也是西北地区古老的风俗。《敦煌研究》和《西域研究》两种专门刊物中,都载有以于阗国"鼠壤坟"传说为重要民俗史料的专文。南朝宋人刘敬叔《异苑》中,曾记载过西域的崇鼠风俗:"于阗国王锦帽,金鼠冠。"王冠上装饰鼠纹,可见崇鼠当是古老的西北风俗。

鼠的某些习性被想象为人性,甚至神化。鼠性好啃咬,人们就想象鼠将这混沌咬破,使得天地分开,视作开天和辟地的角色;鼠的行踪总是鬼鬼祟祟的,人们就联想鼠以善偷的能力,从天上偷来种子帮助人类,"鼠偷谷种"成了农业的起源。"鼠偷谷种"的传说,在我国南方稻作文化地区流传甚广。马昌仪《鼠咬天开》书中列举有17个例子,流传于云南、台湾、浙江、福建、广东、山东等地。福建顺昌地区的故事是说,盘古开天以后,鼠为人找到了稻种,条件是人种了谷子以后要给鼠一份。鼠有聚敛的习惯,有些地方的农民甚至将挖鼠洞、收粮、收棉,作为一种生意,可见鼠的藏量之大。因此,人们称古代难见的白鼠为藏神。清俞樾《茶香室丛钞》说:"令人每言白鼠为藏神"。并引唐代《灵异录》的故事,有个叫陈大的人夜里看到一白鼠,就对妻子说:"众言有白鼠处即有藏。"掘地后果然得到白金五十锭。

民间风俗里,藏神也叫仓神,农历正月二十五日为"填仓节",粮商米贩祭"仓神"。仓神即鼠。《燕京旧俗志·岁令篇》记载:"大耗星君,所以配享此君者,传系掌管仓中之耗子"。"填仓节"当晚不许点灯,据说是这晚也是老鼠嫁女的日子。这一天,家家要炒黄豆,拌以红糖,撒向屋隅。鲁迅《朝花夕拾》里一篇文章中写道:"我的床前就贴着两张花纸,一是'八戒招赘',满纸长嘴大耳,我以为不堪雅观;别的一张,'老鼠成亲'却可爱,自新郎、新妇以至傧相、宾客、执事,没有一个不是尖腮细腿,像煞读书人的,但穿的,都是红衫绿裤。""老鼠娶亲"也是我国民间年画的传统题材(图2-2、图2-3)。

鼠叫声吱吱,人们又想象那是老鼠在数钱,延伸出来鼠与钱的关联。清代方浚颐《梦园丛说》说:"粤东有钱鼠,其吻尖,其尾长,其声若数钱然,故名。俗云,见则主人家有吉庆事"。俞樾《茶香室丛钞》中补充道:"常鼠亦能作数钱声,俗云朝闻之,主耗财;暮闻之,为数入,主聚财。"据说晚上听见老鼠数钱之声,象征聚财。

2.1.3 子鼠的文化寓意

排名十二地支之首的"子"与中国传统吉祥语的多"子"之所寓,意境相洽,再加上它的肖物鼠拥有很强的繁殖能力,故"子鼠"便有了一个独特的吉祥意

图 2-2　山东剪纸"老鼠嫁女"

图 2-3　染色剪纸老鼠娶亲

义——代表多子多福,生生不息,福祉不止,成为吉祥之神。这个寓意早在商代青铜器纹饰里的"子蝠"图案已见到。"子蝠"与"子鼠"在华夏文化里被视为相类的生物。二十八星宿神中,对应于"子鼠"者有三神,明代《戒庵老人漫笔》有记:"女土蝠,虚日鼠,危月燕,子也"。明代汪三辑注《参筹秘书》记载军营二十八宿旗上绘有鼠、燕、蝠形象。由于谐音,蝠披上了"福"的外衣。流传民间的传说也成了宫廷的吉祥图案,五个蝠,可以捧寿;与鹿同在,可说福禄双全;和鼠联袂,便称多子多福。蝠还可变色,年画上的红蝠读作"洪福"。北京故宫博物院珍藏有一部清末著名画家任预的作品《十二生肖图册》,其中《子鼠图》画了五只小鼠,正在争抢罐中撒出的瓜籽。在十二生肖中,鼠属子,而瓜籽之"籽"与"子"音同,画中两"子",都表达了多子的意境。

民间常见的吉祥图案中,老鼠与一些植物组合在一起,例如"老鼠与葫芦""老鼠与葡萄"(图2-4)、"老鼠与石榴",葫芦、葡萄、石榴属多籽植物,谐音"多子",人们便把繁衍后代的愿望的寄托于图案中,这也是民间剪纸和年画普遍表现的题材。还有一些有趣的民间图画,

图2-4 剪纸"老鼠与葡萄"

也表现了同样的祈望——"老鼠偷南瓜"表示瓜瓞绵绵;"老鼠偷白菜"比喻"百子";"老鼠揭盖碗"也隐喻生殖崇拜。

2.1.4 子鼠的图形设计

老鼠德行不佳,使得许多人对其外形不感亲切,反生厌恶。但撇去老鼠阴暗的一面,它小巧灵活、圆头细爪、动作滑稽,尚有几分可爱,这也是民间喜爱它的原因(图2-7、图2-8)。

中外不少的动画片以聪明伶俐的老鼠为主角,如迪士尼的《猫和老鼠》、《米老鼠与唐老鸭》,都为鼠创造了风靡世界的卡通形象。在它们身上,令人生厌的鼠态已被淡化,仅仅是一个快乐调皮的可爱形象。在中国也是如此。民间在驱鼠、灭鼠的同时,早已为鼠换上一副充满童趣、聪明伶俐的形象。鼠形象的模糊化,反映了适合于人们接受的鼠形象的把握,鼠性被淡化了,作为吉祥物的灵性和聪慧被强化,如此取舍,符合人们寄托寓意的思维特点。

生肖邮票通常是一套两枚。1984甲子年生肖鼠邮票,图案为一只长着一双大大的招风耳,细长的尾巴趾高气扬地上翘着的俏皮老鼠。灰色的老鼠在两膝、耳朵、嘴等处留有空白,淡黄色的全底衬,给人明快、和谐的感觉。红色印章的"甲子年"点明主题,为邮票锦上添花。作者在这枚邮票的面值安排上也煞费

苦心,设计者巧妙地将面值字体稍加变形,读者可以把它想象成一颗果实饱满的花生,也可想象成一只装满香油的葫芦,反正那只活泼可爱的老鼠正垂涎欲滴地盯着它呢(图2-5)!1996丙子年生有鼠邮票中的第一枚,图案采用人性化的夸张漫画手法,描绘一只手执台灯、身穿彩衣、翘嘴长须、机灵滑稽的小老鼠,寓意为万家灯火、光明前景的美好祝福。第二枚邮票的画面为一轮红日托出一个隶书"鼠"字,周围天空的彩霞中,显示出来六只小灰鼠,寓意为鼠咬天开、普天同庆(图2-1)。2008戊子年生肖鼠邮票上的鼠姑娘打扮得花枝招展,漂亮又活泼可爱。高翘的嘴巴、灵动的眼神、卷曲的长尾巴,令人联想到"鼠咬天开、鼠上灯台"等吉祥趣味的故事。佛手、百合花和花盆把生肖鼠衬托得更加漂亮,生动的造型、亮丽的颜色,使画面充满喜庆的气氛(图2-6)。

图2-5 甲子年生肖鼠邮票

图2-6 戊子年生肖鼠邮票

图2-7 圣诞岛生肖邮票

图 2-8 剪纸鼠

2.2 丑牛与"牛辟大地"

2.2.1 丑牛的生肖神格

耕农之本,百姓所仰。古人借牛力开垦耕种的历史由来已久,几千年的农耕经济,形成了推崇耕畜牛的文化。牛对中国几千年的农业社会作出巨大贡献,耕地垦田,拉犁劳作,所以中国人素来有爱牛、敬牛、拜牛的习俗,牛成为理想化的神性动物,居生肖第二位(图2-9)。牛是我们的祖先最早饲养的动物之一,五千多年前,牛就被驯养成为家畜。牛也是游牧民族的牲畜,南北朝时期在鲜卑族流传一首著名的民歌《敕勒歌》:"敕勒川,阴山下,天似穹庐,笼盖四野。天苍苍,野茫茫,风吹草低见牛羊。"牛的力气巨大,牛犁田、牛套车甚至在军事上都广泛运用(图2-10)。牛是古代最主要的祭祀品,祭祀的牛叫做"一元大武"。

图 2-9 丁丑年生肖牛邮票

图 2-10　南朝砖刻牛车图

出土于陕西绥德的汉代画像石牛耕图,一牛挽犁,农夫一手掌犁,一手执鞭,说明人们很早便开始利用牛拉动耕犁以整地。河南邓县出土了南朝砖刻牛车图,乘牛车出行,历史上曾经是一种时尚。尽管如此,牛的用途主要还是在农耕。

牛在中国文化中是勤劳的象征。与鼠咬天开相对,作为六畜之首的丑牛辟地,显得忠厚、无私。牛耕开春土、牵来金秋,在农耕文化中一直受到华夏先民的尊崇和顶礼膜拜,雅号"黄毛菩萨"。牛的质朴实在、任劳任怨,让先民无数次充满深情地对它进行讴歌和赞美。

牛郎织女传说源于先民的星辰崇拜,牛郎星和织女星位于银河的两边,一个代表男耕、一个代表女织,是人们把农耕时代自给自足的小农经济模式写入星空的结果。牛郎织女的故事源于先秦,《诗经·小旻之什·大东》已有"终日七襄"的织女和"不以服箱"的牵牛。到了汉代,伴随着天文学的发展,牛郎织女的故事更加生动、具体,成为绘画与工艺品的重要素材。

先民认为牛拥有"五行"中土的属性和水的属性,所以对牛有着理想化了的推崇,祈望借助牛的神力可风调雨顺、国泰民安。五行中的水能生木,所以牛的耕作能促进农作物生长;土又能克水,所以古人们在治水之后,常设置铜牛、铁牛以镇水魔。全国各地也有出土的实物证据,比如闻名遐迩的黄河铁牛。

关于丑牛与麒麟神兽的渊源,很早就有记载,它源于先民对牛、鹿、马的神化。古人将麒麟列为四灵之一,是虚拟出来的形象。从体貌结构的层面讲,麒麟以鹿和牛为主要构件,后来又融入龙和狮的特征,是人造的灵物。从创生的角度说,麒麟是牛的后代,虽有龙、牛交而生麟的说法,但麒麟主要被看作是生之于牛。从五行学说方面讲,它时而属水,时而属土,也同丑牛一致。因为有丑牛在,才有了麒麟的文化积淀。

2.2.2 丑牛的民间习俗

古人以农为本,由此产生了尊重耕牛的意识,这种意识可谓深入人心。

陕西有的地方的民俗,将老年人过生日称为"赶牛王会",说明牛在我国大众心目中的崇高地位。鉴于牛的劳苦功高,我国许多民族和地区都有敬牛酬牛的传统。仡佬族以十月初一为"牛王节",贵州布依族在四月初八为"耕牛过节",湖北的土家族也有"牛王节",壮族以四月初八为"牛魂节",普米族要敬"牛菩萨",浙江有"牛忌日"。为了报答牛的功劳,人们把大粽子挂在牛角上,牵到河边水塘,既为了牛饮水,也为了以水为镜,让牛看到挂在牛角上的慰劳品。人敬牛德,牛亦通人性。据说,剥掉粽叶喂牛时,勤恳劳作的老牛会流出泪水。民间重牛,宫廷也重牛。北宋时,牛生二犊被作为祥瑞,逐一记入起居注,可见对于牛的重视。这些风俗的传承基于一个定位:"耕,国之本也。"

鞭打春牛,又称"鞭土牛""鞭春"或"打春",是起源较早的农耕风俗。《周礼·月令》记载,"出土牛以送寒气",是古代送冬寒迎新春的风俗。后来延续下来,唐、宋两代最兴盛。唐代诗人元稹《生春》诗:"鞭牛县门外,争土盖春蚕。"先"鞭"而后"争"。宋仁宗颁布《土牛经》后,鞭土牛的风俗传播更广。康熙《济南府志·岁时》记载:"凡立春前一日,官府率士民,具春牛、芒神,迎春于东郊。作五辛盘,俗名春盘,饮春酒,簪春花。里人、行户扮为渔樵耕诸戏剧,结彩为春楼,而市衢小儿,着彩衣,戴鬼面,往来跳舞,亦古人乡傩之遗也。立春日,官吏各具彩仗,击土牛者三,谓之鞭春,以示劝农之意焉。为小春牛,遍送缙绅家,及门鸣鼓乐以献,谓之送春。"至今,民间一些地区仍保持着"鞭春牛"的习俗。

鞭春牛的意义,不局限于送走寒气,劝民春耕,人们还把勤劳憨厚的牛视为风调雨顺、五谷丰登的祥瑞。鞭打的也不是真正的牛,而是土或者纸做的牛。鞭春牛的活动固定为立春之日,让由人装扮的"句芒神"鞭打土牛。山东民间要把土牛打烂,大家争抢碎土,谓之抢春,以抢得牛头为吉利。浙江境内鞭春牛时,轮流向春牛叩头,然后大家一拥而上,将春牛弄碎,把争抢得到的牛土带回家撒在牛栏内。可见,鞭春牛还是一种巫术活动,即把牛土撒在牛栏内可以促进牛的繁殖。春牛起初都是泥塑的,后来出现了纸牛。鞭春牛成为民间年画的传统题材,山东潍坊年画中有一幅《春牛图》(图 2-11),上面画着芒神和春牛,还有几个人在吃春饼。可见,春牛还拥有除祟的神力。

图 2-11　山东潍坊年画《春牛图》

牛既是人们心中的神物,也是重要的祭品。用牛祭神、祭祖的风俗在中华民族中沿袭了数千年,直到今天,一些少数民族地区如佤族每逢重大节日,都要剽牛,以牛祭祀他们的大神龙魔爷。

2.2.3　丑牛的文化寓意

不管在古代还是现代,牛都是正直、勤劳的代表,人们对其有着深厚的感情。鲁迅曾用"俯首甘为孺子牛"来表达自己对人民的同情和关爱,还表达了作者甘愿为劳动人民做牛马的无悔奉献精神。牛不仅用于耕作,还为百姓提供牛奶、牛肉,所以鲁迅又用"我吃的是草,挤出的是奶"来表达自己无私奉献的决心。

因牛文化的精髓与美好的生活关联在一起,所以牛的习性又被赋予了诸多的文化意义。牛擅长耕种,是勤劳的代表,寓意大获丰收、五谷丰登、风调雨顺。牛象征着春天,生机勃勃,加上其壮实的身躯,寓意身体健康,活力四射。带火的牛寓意奔腾红火,抬头仰角的牛寓意牛气冲天。《易经》中"坤为子母牛",故而牛又代表生育和柔顺的德行。

牛卧富贵驮宝来的形象也很多,其送福送财的喜庆形象,多用于翡翠、玉石等首饰和摆件工艺品中,这时的牛也象征着富贵吉祥。今天,牛的财富形象也是金融股票行业的共识,牛市大发是股票交易和金融商贸最希望看到的,所以牛也象征证券市场行情可以"牛势"发展,"牛势"高升。现在我们也用"牛人"来形容一个人很厉害,牛的勤劳致富,踏实可靠,的确非其他动物所能及。

牛在雕塑摆件中又有扭转乾坤之意。"牛"谐音"扭",也就是扭转局面的意思,我们常用扭(牛)转乾坤来寓意改变颓势,换一番局面。例如,牛转乾坤紫砂壶,寓意牛运兴旺,生活得到改善,可以战胜困难,事业可以红红火火,牛气冲天(图2-12)。

图 2-12　牛转乾坤紫砂壶

苗族以牛角为美的艺术特征是有目共睹的。苗族妇女头上喜戴各种银角,形似牛角状,又叫水牛角或者龙角,并在各种服饰中装饰这种牛或龙的图案。银角(即银牛角)是苗族妇女的一个珍贵的装饰品,是在跳芦笙舞、跳铜鼓舞等盛大节日活动和出嫁之时才戴一下,平时都珍藏着(图2-13)。据苗族老人说,戴"银角"的缘由也同穿"雄衣"(Ud Bad)一样。古时男子嫁到女子家去,出嫁时需把出嫁男子打扮得漂亮和威武一些,怎样才威武雄壮呢?他们觉得,动物中的水牯牛,壮实魁伟,且配有两只曲长刚劲犀利的触角,可谓雄壮威武。所以古时苗族的出嫁男子除了穿上漂亮的"雄衣"之外,人们还按水牯牛的触角形状给出嫁男子的头顶上配一对角,以示男人的威武雄壮,能抵御强敌。后来出嫁的对象改变了,但这种古老的装饰却仍然沿用不变,保留至今。

图 2-13　苗族牛角型银头饰

唐代韩滉《五牛图》,被誉为中国十大传世名画,是少数几件唐代传世纸绢画作品真迹之一,也是现存最古的纸本中国画,堪称"镇国之宝",现存于北京故宫博物院。画中的五头牛一字排开,各具状貌,姿态互异。一俯首吃草,一翘首前仰,一回首舐舌,一缓步前行,一在荆棘蹭痒,只有画家对牛的生活习性极为熟悉,才能留下如此画艺高超的珍品(图2-14)。

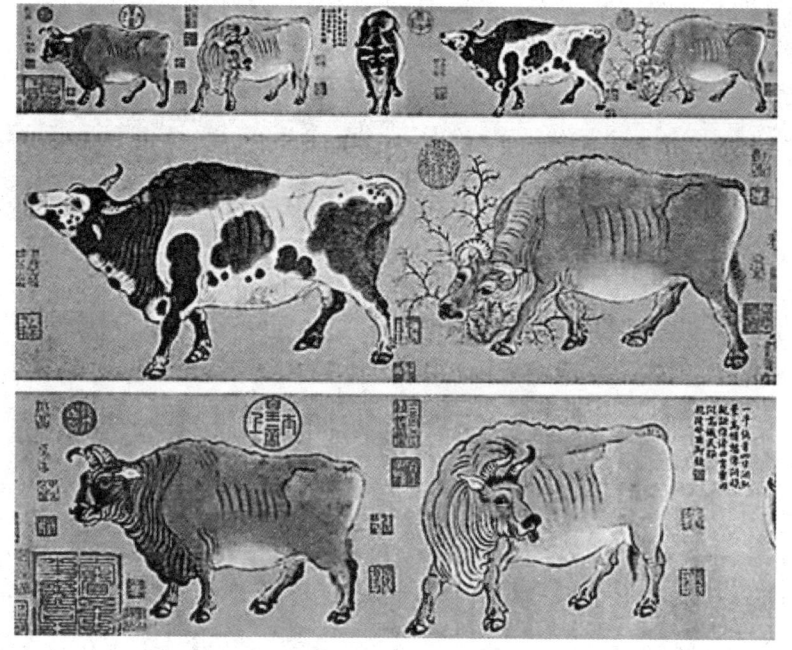

图 2-14　唐代韩滉《五牛图》

2.2.4　丑牛的图形设计

由于牛的上述特点，牛的艺术形象就既有健壮执拗的一面，也有平和温情的一面。

牛的形象大量出现在民间美术之中，其中以立春民俗中的春牛图最为丰富。描绘迎春的年画最典型的要数杨柳青年画的《春牛图》，画中仅突出芒神和春牛，将芒神画成可爱的胖娃娃，身后卧着壮健的黄牛，牛身上还装饰以松枝梅花等表现明媚春光的花卉。

中国古代思想家老子骑青牛出函谷关西行，为后人留下不朽的哲学名著《道德经》，他选牛为坐骑颇有意义，牛安闲的气质与老子逍遥的精神正相吻合。

现代画家中精于画牛者当属李可染。李可染对牛有深厚的感情，从抗战时期就开始画牛。他认为人们反侵略必须要有坚忍不拔、任劳任怨的精神，他在《五牛图》中题词说："牛也，力大无穷，俯首孺子而不逞强，终生劳瘁，事农而安，不居功。纯良温驯，时亦强犟，稳步向前，足不踏空。皮毛骨角无不有用，形容无华，气宇轩宏。吾崇其性，爱其形，故屡屡不厌写之。"这既是对牛的赞颂，也是画家人格的写照。

图 2-15 乙丑年生肖牛邮票设计

1985乙丑年生肖牛邮票,主图是一头生气勃勃、雄浑奔放的雄牛形象。这头牛四蹄稳稳地立足大地,坚实有力;两只尖角直指苍穹,气宇轩昂;尾巴摆动,悠然自得;眼睛圆睁,炯炯有神;昂首长鸣,嘶嘶有声。在色彩上,牛身采用青、蓝、红、绿、土黄熔于一炉的色调,呈现出五彩斑斓、牛气冲天的憨牛形象(图2-15)。1997丁丑年生肖邮票,其中一枚图案是根据山东高密齐秀花的剪纸"媳妇骑牛"图进行再创作的,白色票底上表现出粗犷壮实的牛身,充分展现着力量和勤劳。第二枚的画面为橘黄色的底色,大红灯笼高挂,显示出醒目的隶书"牛"字,寓意牛耕年丰(图2-9)。2009己丑年生肖邮票采用装饰画的手法,以色块为主,线条为辅,只求神似,不求形似,体现出与以往生肖邮票写实手法的迥异。己丑年的牛是头欢奔的火牛,寓意奔腾红火兴旺。火牛神情怒目相对,象征面对恶魔不畏惧,不妥协(图2-16)。有人评说该图的牛腿失真:轻飘、柔软的牛腿与威猛、雄壮的形象大相径庭,使该票观感上丢分。而邮票设计者陈绍华先生解释说:"牛蹄子幻化成牛爪是运用写意画法进行夸张性处理,意在表现飞驰的速度、烟尘滚滚的视觉效果。至于高高竖起的牛尾,如同一面胜利的旗帜,一路飘红。"

图 2-16 己丑年生肖牛邮票设计

2.3 寅虎与"神虎镇邪"

2.3.1 寅虎的生肖神格

虎是中国古老图腾中的重要一支,但与"龙文化"处于中华民族文化核心地位相比,"虎文化"的应有地位长期以来被忽视。其实,"虎崇拜"应早于"龙崇拜",因为虎图腾取材于真实动物,早在原始狩猎时期就出现了;而龙则经由几种动物组合而成,相对晚一些。1987年,在河南濮阳西水坡近7000年前的仰韶文化时期古墓葬群的考古中,考古学家惊喜地发现了仰韶时代的先民们精心制作的蚌壳摆塑龙虎图。这是最早的四时天象图——青龙、白虎、朱雀和玄武,说明

图2-17 丙寅年生肖虎邮票

当时已经有了表示时令的专用于农业方面的知识。在古代天文学的"二十八星宿"中,西方的星群组成的图案形似虎,后来,这"四象"与五行五色学说相糅合,有了"西白虎"的说法。再往后,道教将这"四象"纳为守护神,白虎也就成了"白虎神"。《周易·乾卦文》说:"云从龙,风从虎。"虎龙并崇的文化亘古久远,直到秦汉建立封建专制后,龙被确定为王权的象征,从此"龙上天,虎落地"。也因此,虎成为民间百姓心中的吉祥物与保护神。

古代称虎为大虫。据汉代《方言》所记,虎称"李父""李耳""伯都"等,虎的这些称谓显示着古代崇虎的风习。我国东北、华南两地山林多,虎也较多,那里的人们在与虎长期接触的过程中,形成了对于虎的图腾崇拜。生活在东北的少数民族,如赫哲族、达斡尔族、鄂伦春族、朝鲜族等,尊虎为"圣兽""山君""兽中之王""镇山之神",在讲老虎时一般称呼其为"山神爷"。其中,赫哲族的一个氏族——阿克腾卡氏至今还信奉虎图腾,举行为虎祭祀的活动。西南许多少数民族也信仰虎图腾,据说远古时代的伏羲氏以虎为图腾,今天南方崇虎的民族认为自己与伏羲氏率领的远古羌族部落有血缘关系。前面说过三才的顺序:天、地、人,对应子、丑、寅,人生于寅,寅虎即伏羲。从这样的古代创生排列上看,崇拜虎的伏羲是人

类的祖先。现在的彝族、纳西族、傈僳族崇拜黑虎(图2-18),土家族、白族、云南的普米族则以白虎为图腾,土家族历史上又被称为"白虎夷""白虎复夷"。

图2-18 彝族崇虎,认为自己是虎的后裔,传统舞蹈老虎笙,由成年男子用披毡化装为"虎",手脚绘以虎纹,在"老虎"头的率领下,跟着安笙调、撒秧调、穿花调等彝族调子跳舞,最原始的寓意是祈求丰收。

在十二种生肖中,虎是最让人感到威猛与凶悍的、真实存在的动物(除了虚拟的龙)。作为自然界的百兽之王,虎的凶猛让人惧怕。东汉《论衡·书解篇》说:"龙鳞有文,于蛇为神;凤羽五色,于鸟为君;虎猛,毛蚠蜦,龟知,背负文。"晋代葛洪《抱朴子·登涉》有一段关于十二生肖的文字,其中讲到寅虎:"山中寅日,有自称虞吏者,虎也。"清代吴存楷《江乡节物诗》记:"杭人午日,制老虎头系小儿襟带间,示服猛也。"由于虎的凶猛,人们在对虎充满敬畏之余,附加了各种想象和情感。由于老虎是世界上最美丽雄健的兽王,其山神、祖神、保护神的文化祖师地位和丰富的文化内涵,具有极大魅力。而且它与龙文化互为纽带,贯穿于整个中华文化,很能代表中华民族的龙腾虎跃的文化气质。老虎比任何动物都能代表中华民族勇猛精进、虎虎有生气的民族精神。

2.3.2 寅虎的民间习俗

虎在人们心中是避邪迎瑞的神兽。在古代阴阳学说中,虎的符号带有双重的含义,即东方寅虎与西方白虎,一虎而两用,如同朱熹所说,"虎当在西,而反居寅",形成了关于虎的双解。东方属阳,西方为阴,所以说,虎既为阳,又为阴。民间画虎于门的风俗,就是以虎的阳之正气抵御阴之邪祟,这是应用虎的辟邪作用的典型事例,可见虎门神比钟馗、秦琼和尉迟恭、岳鄂王都要来得早。该习俗在汉代就已非常盛行,除夕时门饰上几乎全做虎的文章,那时还把大门上的铺首做成虎形(也有作蠡状),当作宅门的避邪器物。河南新郑汉画像砖的铺首,即取虎形的图案。东汉《论衡·订鬼篇》引《山海经》的内容,记载了最早的门神,除了神荼、郁垒两兄弟之外,还有一个重要的是神虎。家里画着老虎,代表着驱除邪恶的威慑力。从此,门上画虎成为最普遍的年画题材。古人把春节看作辞旧迎新的一种关坎,所以特别注重在除夕之际做些辟邪驱凶的工作。到魏晋时期,鸡开始演变为守门避邪的门上神物,但虎门神并未因后起的画鸡风俗而绝迹。除了汉族,南方崇拜虎的少数民族中也有把虎当门神的风俗,如云南丽江纳西族的门神就是"雷霆白虎之神"。"画虎于门"的辟邪习俗一直保留下来,以前华北地区的家里流行在客厅挂年画"镇宅神虎图",现在民间也喜欢以虎为题材的年画,这都是虎门神的现代变形,可见人们对虎的崇拜与喜爱(图2-19)。

图 2-19　神虎下山(武强年画博物馆藏)

除了年画上有虎之外,像陕西华州的人家在春节、二月二、端午节、清明节时都会蒸虎形的馍,不仅自己吃,还送亲友。虎馍承载着祭天、祭祖、避邪以及传递亲情的民俗意义。

在各种节日里,与虎关系最密切的是端午节。端午节是五种毒虫(蝎、蛇、蜈蚣、蜘蛛、蟾蜍)最为活跃的日子,这一天,人们会喝雄黄酒、挂钟馗像,除毒驱邪,以求平安。据说虎能降五毒,过去,人们常将艾草扎作虎的形状,称为"艾虎",插在门楣上或者佩戴在身上以求"艾虎镇五毒",驱邪避恶。各地的"艾虎"形式多种多样:如安徽淮北地区的习俗是用黄布给孩子做兜肚、鞋,绣上虎头,再点缀上五毒的形状;北方各地是给孩子手腕上扎五色线,佩戴艾虎香包;华东等地的民俗则是剪彩帛制虎头,虎头上挂有大蒜、八卦符、小粽子等物,系在儿童背上用以辟邪(图2-20、图2-21)。由此,虎文化具有了"驱邪避疫"的节日内涵。

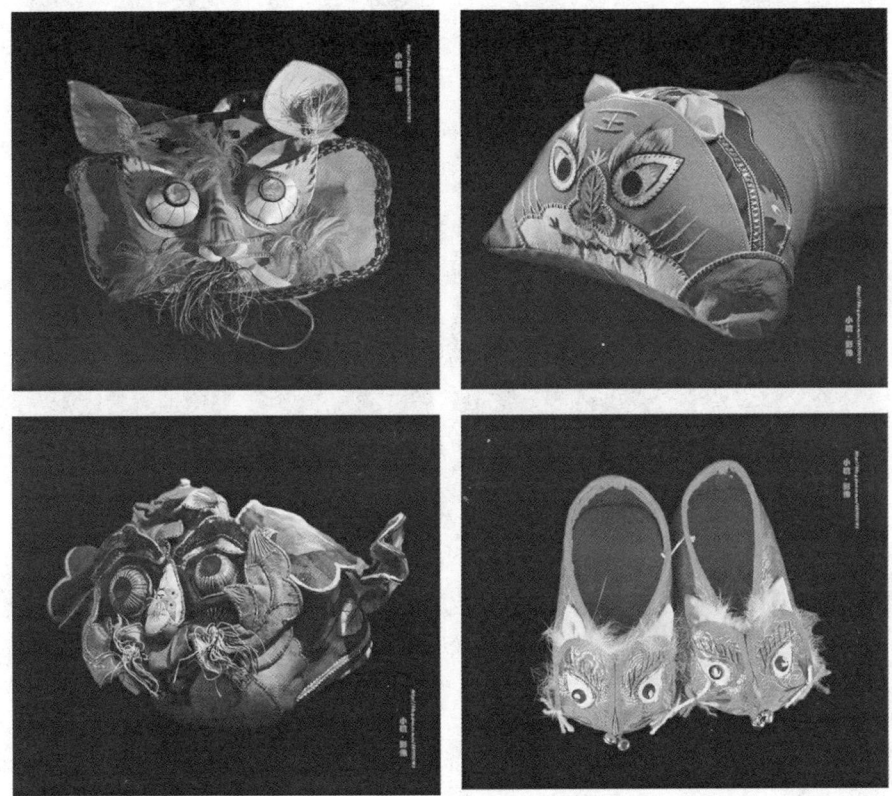

图2-20　端午节的虎文化工艺品:虎头帽、虎头鞋、虎头枕、五毒香包、布虎

在民间,小孩在成长过程中也与"虎"相伴。这里的"虎"是虎文化的意思。虎不仅用来避邪,也象征生命力,所以虎被看作是小孩的保护神,与虎有关的育儿习俗在中原、东北地区比比皆是。河南、河北、山东、陕西、山西、东北等地,缝布老虎是给孩子最好的祝福,小孩戴虎头帽、穿虎头鞋,打扮得像个小虎娃,预示着孩子虎虎有生气。沂蒙山区里妇女们缝制的布老虎色彩鲜艳,造型生动。那布老虎,既是小孩的玩具,又是孩子的枕头。人们普遍认为小孩子睡虎枕,既

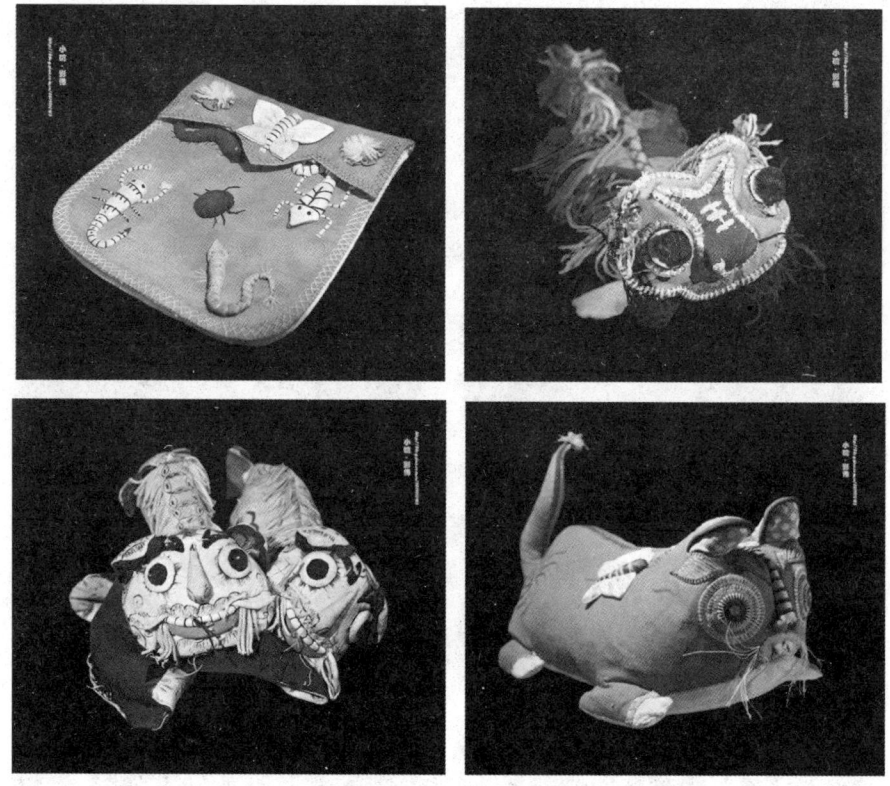

图 2-21　端午节的虎文化工艺品：虎头帽、虎头鞋、虎头枕、五毒香包、布虎

示威猛又避邪。在陕西和山西，有些地方流行舅舅送黄布做的老虎枕给外甥。鄂伦春族甚至给孩子戴虎爪虎牙来避邪。陕西延安一带没有虎迹，但那里的民间剪纸却以虎的题材为多，甚至孩童也从头到脚被虎图案武装起来，虎鞋、虎帽还有虎枕，一应俱全。

2.3.3　寅虎的文化寓意

民间除了画虎避邪，也画虎迎祥。"虎佑财富"是虎的一项文化寓意。在我国古代的五行学说中，虎属金，人们认为虎能够带来财富。现如今，一些年画就以"虎招财"为主题，如山东潍坊的年画"镇宅神虎图"，虎守在聚宝盆边，既镇宅又招财，一虎两用。在福建，方言"虎""福"音近，年画《五福图》即画着五个虎，取招财的寓意（图 2-22）。台湾也有类似的说法，胸前佩戴虎能够"咬钱增财"，所以许多人都戴老虎求财。

虎具有的丰富而美好的象征意义，使其常常被寄予婚姻幸福的含义。在陕西洛川，男女双方订婚时，男方要蒸一对老虎馍，用红绳拴起来送给女方，表示婚姻就此开始。在山西晋南，结婚时要贴双喜的剪纸，剪纸上有六只老虎，代表新郎新娘及未来的子女。湖北新婚夫妇要在帐沿上倒挂一种虎头蝉身的布艺饰品，叫做"蝉虎"，意思是生命蝉联不绝。上海崇明岛还流行新娘穿虎头鞋的风俗，寓意着过门后要管住丈夫。西北地区的陪嫁品中也有面老虎、虎头帽、虎头枕等。当然，

图2-22 福建泉州年画"五福图"

除了婚俗，丧葬习俗也离不开虎。古代帝王的墓前常陈设麒麟，而大臣墓前常置一尊石虎，这里的虎就有驱鬼避邪的意思。

2.3.4 寅虎的图形设计

虎外貌雄健，气势威猛，为百兽之王。民间艺术品中的虎形象，就少不了其额头那个像汉字"王"的花纹，几乎所有的美术作品中，虎的额头都标个"王"字，以示其地位。1986丙寅虎年邮票，无论是虎的形态还是虎的用色，均多处运用了我国传统民间装饰手法，从中既可以看到民间布玩具的影子，又可以感受到剪纸艺术的美感(图2-17)。1998戊寅虎年邮票，第一枚的图案选用山西黎城高秋英创作的布老虎的正面像，青蓝底色上突出虎头，小老虎四肢张开，虎头正对前方，洋溢着雄浑厚重的气质，虎虎生威。第二枚画面，取唐代大书法家颜真卿所书《裴将军诗》中的草书"虎"字为图，红色草书以简取胜，气贯长虹(图2-23)。

图2-23 戊寅年生肖虎邮票

图2-24 河北蔚县彩绘泥虎

虎形象在漫长的岁月中,经过丰富的文化积淀,由繁化简地被符号化。古代艺人们创造出的民间美术中的虎形象,咆哮山林的凶猛气势被淡化,虎变得憨态可掬,可爱还可亲。这类工艺造型,不再是真正的虎气冲冲,而是有象征意义的文化之虎。例如,陕西凤翔、河北蔚县和河南安阳的泥老虎,温驯、静穆、媚态逗人,有的还有猫态,使人联想到几千年前青铜器时代的虎面纹图案,但比起商代青铜礼器上狞厉的虎形象,泥老虎给人的感觉更多的是融入人们生活中的亲近感(图2-24、2-25、2-26)。安徽阜阳民间剪纸"虎镇五毒",采用"画中套画"的方式,将五毒画在老虎的肚子里,以求健康。可爱的小老虎也需虎威,这样的虎才会不失镇宅、驱邪的多重含义(图2-27)。

图2-25 陕西凤翔泥塑虎与泥塑挂虎

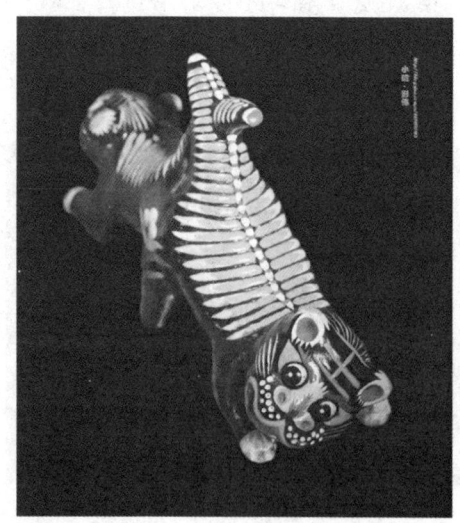

图2-26 河南安阳彩绘泥虎

第 2 章 生肖符号的文化解读

图 2-27　阜阳剪纸"虎镇五毒"

2.4　卯兔与"月中玉兔"

2.4.1　卯兔的生肖神格

生肖阵容里,囊括了六畜,因为它们是人们生活的基本保障,与人的生活关系密切。兔能进入十二生肖,则主要靠了它的古老文化功能。古代,兔被列入祭祀的牺物,因而被赋予了很多的文化内涵。牺物有牛、猪、羊、鸡、狗,还有兔。之所以舍马取兔,因为在远古时代,马不仅关系到军队的战斗力,还代表着国力。"千乘之国""万乘之国"的炫耀说法,就是以马多展示国力。所以,代替马做牺物的,就是兔。

兔因作牺物而升格为神灵,在古人的认识中,玉兔是月亮的代称(图 2-28)。汉代《论衡·说日》中写道:"月中有兔、蟾蜍。"也就是说,那时人们认为月亮中有兔子和蟾蜍两种动物。20 世纪 70 年代长沙马王堆汉墓出土了汉文帝时期 T 形帛画,有两幅画均表现了想象中的天国,画有太阳、阳乌、月牙、蟾蜍和兔。这表明,在汉初之际的月亮神话中已是蟾蜍、玉兔并存了。在东汉画像石中,兔与蟾蜍也经常同时出现在画面里(图 2-29)。大约在晋朝时,兔才开始撇掉蟾蜍,单独作为月亮的代表。西晋哲学家、文学家傅玄在《拟天问》中发问:"月中何有?玉兔捣药。"后世常把月亮称为兔轮、兔魂。历代文人在写作时,常以玉兔指代月亮。

图 2-28　丁卯年生肖兔邮票,身饰彩纹的白色剪纸兔

图2-29 汉代画像砖中的玉兔、蟾蜍

十二时辰中,卯时指早晨五至七时,这时,太阳还没出来,月亮的光辉还未完全消退,兔作为月宫神话中唯一的动物(传说中嫦娥奔月从地球上带走的唯一动物就是玉兔),就这样同卯时联系起来。卯的象形义是冒出土芽的草木,暗指春意,代表黎明,充满着无限生机。

卯与兔的对应关系,被注入了辩证思维的哲学意义。卯兔方位在正东,却做了西方月亮中的灵物;相反,酉鸡方位在正西,却做了东方太阳里的灵物。卯、酉为日月之门,是基于日升月落而发生的联想。卯兔和酉鸡,东方和西方,它们之间的关系,仿佛错了位。这就像是反射原理,西边的燃烛映入东边的镜中,东边点灯,西边的镜子里也会反射着光亮一样。同理,月亮自身不发光,月的光亮,靠的是反射日光。太阳东升,对着正西的酉,酉的属相是鸡,日光中有影子,那便是西方酉位之神——鸡,映入太阳里。同样的,太阳西落之时,正对着东方的卯,卯的属相是兔。月亮上有影子,那是东方卯位之神——兔,被映到月亮中。当然,这只是古人的一种美妙而奇特的想象,但足以窥见生肖文化的博大精深。卯兔与酉鸡,关于这一对生肖的遐想,包含着古代哲学、玄学的思想。

从方位的意义上看,卯、酉东西遥对,掌管太阳初升和隐落的时刻,比起相邻的地支来,这一对"友人"似乎关系更亲近,你中有我,我中有你。卯属兔,酉属鸡,这一对生肖也结成了对子。二者之间那绚丽多彩的话题来源于人们对太阳和月亮的畅想。

2.4.2 卯兔的民间习俗

兔儿爷是老北京中秋节时的儿童玩具。古时中秋节有祭拜月神的习俗,自然少不了兔。人们按照月亮里嫦娥玉兔的传说,把兔从动物上升到神格,经过艺术化、人格化的渲染,用泥巴塑造成各种不同形式的民间手工艺品——兔儿爷(图2-30)。兔儿爷在清代特别盛行,流行于北京、天津及山东一带。因广受人们的喜爱,故形式日趋多样,有扮成武将,头戴盔甲、身披战袍的,也有扮成兔首人身之商贩,或是剃头师父,或是缝鞋、卖馄饨、卖茶汤的,也有背插纸旗、或坐或立的,座驾则有麒麟虎豹等,不一而足。但正统的兔儿爷形象一定是左手端捣药钵,右手持药杵的样式。兔儿爷有双重功能：一是作为神物，接受大人和儿童的祭拜，尤以儿童祭拜为主；二是作为儿童玩具。今天，兔儿爷除中秋节以外，在春节期间的庙会上也是常客，为节日增添了喜庆祥和的气氛。其实在古代，汉族就有大年初一"新春挂兔头"的习俗，用面兔头挂门额上，目的是镇邪避灾；正月十五元宵节各式各样的花灯里面也有兔灯。可见，兔是各种节日里都少不了的吉祥物。

图 2-30　北京的传统玩偶——兔儿爷

另外还有赠兔画的育儿风俗，画中有六个小孩围着一张桌子，桌上站一手持兔子吉祥图的人，祝受赠的孩子将来生活安宁、步步高升。

2.4.3　卯兔的文化寓意

据说，在古代清明时节，人们为了纪念忠诚孝义的介子推，就用面粉捏成"蛇"和"兔"的形状，"蛇"代表介子推的母亲，"兔"代表介子推，"蛇"和"兔"缠绕在一起，用来表达孝道之心。而且，在山西介休当地方言中，"蛇盘兔"与"必定富"谐音，寄托着人们对美好生活的向往。今天，"蛇盘兔，必定富"的谚语，仍在山西、陕西以及甘肃某些地区广泛流传。民间剪纸中常见"蛇盘兔"图案，图中蛇首兔头相对，蛇躯环绕兔身。它不仅仅限于男女的婚配俗信，其民俗学上的吉祥寓意也具有广泛性（图 2-31）。在婚嫁礼俗中用

图 2-31　剪纸"蛇盘兔"

"蛇盘兔"的纹样装点洞房，自然也不限于蛇兔两属相的男女。"蛇盘兔"的吉祥观念有时还应用于丧俗当中，如山西吕梁地区在葬礼中也会用"蛇盘兔"的剪纸纹样。

在古人的认识中，兔的生育分娩也与月亮有关，兔与月有着深厚的不解之缘。月属阴，主婚恋和情爱，从而派生出主管婚姻之神的"月老"，在冥冥之中以

红绳系男女之足,以定姻缘。所以说,"月上柳梢头,人约黄昏后"所描写的不仅仅是时间概念,而是寄托了月老牵红线的愿望。

　　玉兔捣药是道教的掌故,见于汉乐府的《董逃行》。相传月亮之中有一只兔子,浑身洁白如玉,称作"玉兔"。玉兔拿着玉杵捣药,制成蛤蟆丸,服用此等药丸可以成仙长生。在道教中,玉兔常常与金乌相对,表示金丹修炼的阴阳协调。所以,玉兔捣药寓意"长寿吉祥"(图2-32)。

图2-32　"玉兔捣药"图与"玉兔捣药"耳坠

2.4.4　卯兔的图形设计

　　2010年,北京非物质文化遗产保护中心发布了"北京中秋形象大使——兔儿爷"形象(图2-33)。选择兔儿爷,一是因为它的民俗符号最具地域代表性,所具备的深厚文化传统极易唤醒人们对传统节日习俗的亲近感;二是它具备玩赏趣味,更承载着京城百姓的浪漫心性,容易吸引孩童的兴趣,延续力也更强。设计者吴冠英的思路是在传统的基础上增加了现代的审美观念。传统与现代的审美是有距离的,崭新的兔儿爷形象不是参

图2-33　北京中秋形象大使——兔儿爷

照兔子,而是把传统兔儿爷和人的形象作为参照物,把兔儿爷塑造成一个孩童的形象。设计师有意加大了头部的比例,将其设计成了古代壁画人物的那种鱼形眼,浓眉大眼,眉毛金色且呈八字云头状,面色如淡金,与"老兔儿爷"木讷、脸谱化的神情相比,"新兔儿爷"则不怒自威,略带严肃的娃娃脸,像个小大人儿,有一股北京人讲究的精气神儿。

己卯年兔生肖邮票由天津"泥人张"第四代传人张锠设计,图案是一只泥塑玩具彩兔,造型惟妙惟肖,栩栩如生。第二枚面值150分,图案选用的是清代民间艺术剪纸"月亮",月亮内有一只玉兔和一个捣药童子,剪纸上面覆盖一个苍劲有力的草书"兔"字。黄色的剪纸,黑色的草书,在大红底色映衬下,象征着健康幸福,在新春之际为人们送来吉祥(图2-34)。

图2-34 己卯年生肖兔邮票设计

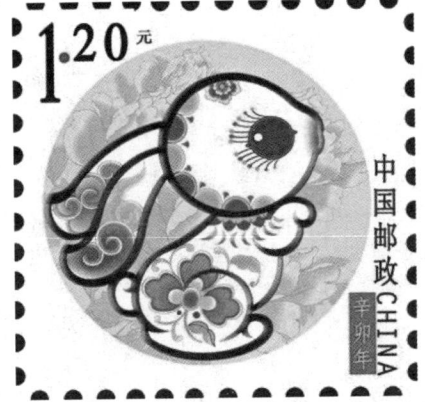

图2-35 辛卯年生肖兔邮票

辛卯年兔生肖邮票是卡通设计,半蹲着的兔,前腿抬起,似动非动。前掌在胸前合十,动作有如招财,给人一种喜庆纳福的感觉(图2-35)。兔子身上的粉彩为石榴、梅花等花卉融合在一起,给人感觉花中有花,图中有图。兔子两只耳朵上绘有祥云,寓意吉祥。主图后面是一轮圆月飘祥云,昭示着风调雨顺。

2.5 辰龙与"苍龙布雨"

图2-36　1988戊辰年生肖龙邮票

2.5.1 辰龙的生肖神格

十二生肖的辰龙是一个想象性的动物,也是文化造就的灵物(图2-36)。龙的形象是多元的组合,饱含着各种文化信息,所以关于龙的来源也出现了诸多观点。一种是"图腾合并说",以闻一多在《伏羲考》中的观点为代表。闻一多认为,龙"是一种图腾龙文化,并且是只存在于图腾中而不存在于生物界中的一种虚拟的生物,因为它是由许多不同的图腾糅合成的一种综合体",是"蛇图腾兼并与同化了许多弱小单位的结果",于是"以大蛇为主体,兼有马的头、鬣的尾,鹿的角,狗的爪,鱼的鳞和须混合而成的龙图腾出现了"。何星亮亦认为,"龙原是一种图腾,但它又与其他图腾有区别。它最初可能是一个部落的图腾,后来演变为超部落、越民族的神,成为了中华民族共同敬奉的、延续时间最长的图腾神"。

还有很多人认为龙的原型来自于某种动物、植物或自然现象,所以就有了鳄鱼说、蜥蜴说、蟒蛇说、河马说、松柏说、闪电说、彩虹说等。《说文》记载:"龙,鳞虫之长,能幽能明,能细能巨,能短能长,春分而登天,秋分而潜渊。"宋代罗愿《尔雅翼》引王符的话说,民间画龙"角似鹿,头似驼,眼似鬼,颈似蛇,股似蜃,鳞似鲤,爪似鹰,掌似虎,耳似牛"。对于龙形的描述,可以说是多元化构件的拼接体。尹荣方是"松柏说"的代表,他认为"龙是树神的化身。中国人对龙的崇拜,是树神崇拜的曲折反映,龙是树神,是植物之神。龙的原型是四季常青的松、柏一类乔木。松、龙不仅在外部形象上惊人地相似,而且龙的其他属性,与松也同样惊人地相似"。

认为龙的形象源于自然天象的观点也不少。何新认为"龙的真相和实体是云,龙就是云神的生命格","最初的龙形不过是抽象的旋卷状的云纹。而后来逐渐趋于具体化、生物化,并且展开而接近于现实生物界中两栖类和爬行类动物的形象"。朱大顺也认为,"幻想龙这一动物神的契机或起点,可能不是因为古人看到了与龙相类似的动物,而是看到天空中闪电的现象引起的。因为,如果把闪电作为基础来把它幻想成一种动物的话,它很容易被幻想是一条细长的、有四个脚的动物"。赵天吏认为雷电龙"三位一体",龙就是雷电的形象。胡昌健说,"龙的原型来自春天的自然景观——蛰雷闪电的勾曲之状、蠢动的冬虫、勾曲萌生的草木、三月始现的雨后彩虹,等等。其中虹是龙的最直接的原型,因为虹有美丽、具体的可视形象"。

《辞源》和《辞海》中还有一种"神异动物说"的观点。前者说"龙是古代传说中的一种善变化、能兴云雨利万物的神异动物,为鳞虫之长";后者说"龙是古代传说中一种有鳞有须能兴云作雨的神异动物"。相近的说法还有"龙是具有很多神性、很神秘的动物神,是中国古人幻想出来的动物"(朱天顺);"龙是出现于中国文化中的一种长身、大口、大多数有角和足的具有莫测变化的世间所没有的神性动物"(刘志雄、杨静荣)。还有人主张,龙是"农",象征着农业的起源与发展,或者龙为"崇",象征着崇高等。由此可见,学者们的探讨多种多样,众说纷纭。

探讨龙的各种来历,正说明了它诞生于人的虚拟,长成于人的想象。除了来历不一,龙的形象在古籍记述中也有各种解释。

中国目前最早的龙形图案来自于8000年前的兴隆洼文化查海遗址,考古学家在那里发现了一条长约19.7米,用红褐色石块堆砌、摆放的"龙形堆塑"。

随着龙崇拜的传播,龙的造型开始丰富多样起来。《荀子·劝学》说螣蛇没有脚而能飞;战国屈原《离骚》洪补引《广雅》说,有鳞的叫蛟龙,有角的叫虬龙,无角的叫螭龙。龙角是雄性的标志,也有象征权力和力量的巫术般意义,甚至还是生殖崇拜的符号。《天问》说有翅膀的叫应龙。这些不同种类的龙可参见商周战国的青铜器皿图纹。《论衡》说"龙之像,马首蛇尾",汉代画像石中常见马首鳞身之龙或身生双翼之龙,已见龙须飘逸。还有的说龙的形状是鹿的角,牛的耳朵,驼的头,兔的眼,蛇的颈,蜃的腹,鱼的鳞,虎的脚掌,鹰的爪子。说到龙爪,中国龙并非一开始就是五爪,而是从三爪、四爪发展到五爪。尽管周朝有"五爪天子、四爪诸侯、三爪大夫"的规定,但元以前的龙基本是三爪的,有时前两足为三爪,后两足为四爪,实例可参见唐、宋、元的瓷器纹饰。明代流行四爪龙,清代则是五爪龙为多,民间流传的"五爪为龙,四爪为蟒"的说法就盛行于清代,主要作为皇帝与下臣服装上纹饰的差别。总之,经过许多代人的传承,龙的形象逐渐完善起来。从龙的造型,到龙的灵气、龙的精神,最终形成了今天华夏大地众人皆知的龙形象(图2-37、图2-38)。

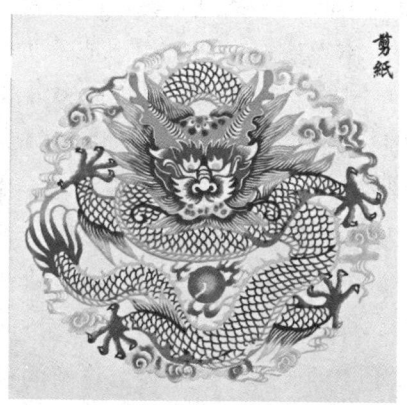

图2-37 (左)汉代画像砖的龙;(右)清代剪纸的龙

生肖中辰龙的地位,不仅来源于古代的龙崇拜,还来自于龙与水的传说。在中国二十八星宿中,青龙是四象之一,根据五行学说,它是代表东方的灵兽。东方属木,其色青,故称"青龙",亦称"苍龙"。据古书记载,周代至汉代间人们祈雨所祭祀的龙就是星宿四象中的"青龙",此后龙被尊为司雨之神。可见,治水是中国民间龙崇拜的一个重要形式。祭龙祈雨的古老风俗,殷墟卜辞已有记载。晋代葛洪《抱朴子·登涉》载"辰日称雨师者,龙也",不仅阐明了辰与龙的属相关系,而且将龙行雨沛的民俗文化底蕴和盘托出。辰龙是行云布雨的神物,"虎能生风,龙

图 2-38　北京北海九龙壁

能唤雨",靠天吃饭的农耕时代,通过祭辰龙来祈求风调雨顺。汉代出现了堆土龙求雨的习俗,那时只有"龙神",而无"龙王"。后来,道教引进佛教的"龙王"并加以改造,"龙王"与中国的龙崇拜相得益彰。唐宋以后,礼奉龙王的信仰逐渐兴起,龙王是龙的人格化,道教称四海龙王为原始天尊,专司兴云降雨之事,于是大江南北兴建龙王庙,龙王信仰遍及中土。

生肖文化中还有一种鱼龙变化的说法。清代《西疆杂述诗》记载的维吾尔族历法史料中,辰非龙而是鱼。新疆柯尔克孜族的十二生肖中,排列于兔、蛇之间的生肖,也是鱼而不是龙。与鱼年相映成趣的是云南楚雄十二生肖中的穿山甲(穿山甲虽在陆上爬行,古人却将其归于水族)。这其实是一种"鱼龙混杂"的文化现象。上古神话中"鲤鱼跳龙门"的传说里,把鱼作为龙的后备军,凡鱼化神龙,表现了古人幻想中的一种质变飞跃,也寄托了老百姓对美好生活的向往与追求。

2.5.2　辰龙的民间习俗

许多节日都与龙有关联。每年农历二月初二,俗称青龙节,传说是龙抬头的日子,它是农村的传统节日。龙抬头节与古代天象有关。这一天正值惊蛰、春分时节，人们观察到苍龙星宿春天自东方夜空升起，秋天自西方落下，其出没周期和方位正与一年之中的农时周期相一致。每年农历二月初二晚上，苍龙星宿开始从东方地平线上显现，接近子夜时分，龙爪都露出来了，这就是"龙抬头"的过程。对老百姓而言，这像是苍龙"登天"之日，大地回春，万物复苏，农耕在即，一切都是新的开始。这个节日也与自然地理环境有关。由于北方地区经常干旱，雨水短缺，人们借"龙抬头"以示敬龙祈雨，驱凶纳吉，希望雨水充沛，庄稼丰收。这天被赋予了多重含义和寄托，所以围绕龙的民俗活动和讲究也有很多。比如，人们选择在这天理发，据说这样就能像抬头的龙那样有精神；北方一些人家用彩纸、草秸等穿成串，悬于房梁之上，称"穿龙尾"；在很多地方这天人们要吃面条、烙饼或者水饺，面条象征龙须，烙饼象征龙鳞，饺子象征龙耳。

龙舟竞渡是一项古老的风俗，此俗的缘起，有纪念屈原、纪念伍子胥、纪念孝女曹娥，以及起于越王勾践等诸种说法。在浙江鄞县出土的春秋时期的一件青铜锁上，就刻有龙舟竞渡的图案。龙舟竞渡又称"赛龙舟""划龙船""龙船赛会"，是具有浓郁的民俗文化色彩的竞技活动（图2-39）。龙舟竞渡一般在农历五月举办，以端午节最盛。这项节目在汉族、傣族、苗族地区很流行，相传是为纪念爱国诗人屈原而举行。龙舟竞渡风俗起于南方，在东南亚的许多国家也盛行。竞渡前，先举行祭祀仪式，汇聚在屈原像下叩拜、吊唁，以粽子、酒水祭奠。然后由主祭人将一条红绸系到"头龙"的头上，由"头桡"将龙头扛到江边

图2-39 龙舟竞渡

洗澡,洗完后将龙头安于船首,这才开始赛龙舟。这一风俗来源于对龙的崇拜,祈求风调雨顺。龙舟飞驰的过程中,龙旗飞舞,锣鼓声、呐喊声震耳欲聋,场面热闹非凡。如今,龙舟竞渡突出地表现了"龙的传人"同舟共济、勇往直前的豪迈精神。

舞龙,也是中华民族在节庆时的传统活动。舞龙历史悠久,最早是用来求雨的,据汉代董仲舒《春秋繁露》记载,当时在四季的祈雨祭祀中,春舞青龙,夏舞赤龙和黄龙,秋舞白龙,冬舞黑龙。每条龙都有数丈长,每次5~9条龙同舞。经代代相传,舞龙成为一种重要的民间喜庆活动,多在新春佳节进行(图2-40)。现在的舞龙文化,不再是某一民族独有的节目,早已属于各个民族,遍及中国、东南亚,以至欧美、澳大利亚、新西兰各个华人集中的地区,成为中华文化的一项重要标志。"舞龙"习俗,据说是承继商周时期"祭天"的遗风,"舞龙"包含"风调雨顺,国泰民安"的寓意,有"祈年"的含义。所以,舞龙最初应是一种祭祀,而非娱乐。喜庆娱乐的新年舞龙,应是汉唐以后的风习。舞龙的"龙"通常安置在当地的龙王庙中,舞龙之日,以旌旗、锣鼓、号角为前导,将龙身从庙中请出来,接上龙头龙尾,举行点睛仪式。龙身用竹扎成圆龙状,节节相连,外面覆罩画有龙鳞的巨幅红布,每隔五六尺有一人掌竿,首尾相距约莫有十数来丈长。龙前由一人持竿领前,竿顶竖一巨球,作为引导。舞时,巨球前后左右摇摆,龙首作抢球状,引起龙身游走飞动。这种气势盛大的场面振奋和鼓舞了人

图2-40　舞龙

心,成为维系中华民族传统文化不可缺少的乐章,宣泄着欢快的情绪,也体现着国人的豪迈气概。

2.5.3 辰龙的文化寓意

龙以东方神秘主义的特有形式,通过复杂多变的艺术造型,体现出中国文化中特有的观念。自古以来,龙聚集了多种象征意义:勇猛、威武、神秘、吉祥、喜庆、权威、力量等,尤其是在数千年的封建统治时期,龙作为皇帝权力的象征,蕴含着皇室独有的文化寓意。皇帝与龙成为封建时代特有的命题。

在神话传说中,原始社会的首领都是龙的传人,如炎帝是应龙所生,黄帝骑龙升天等。此外,据说尧舜也是应龙所生,禹在治水时得到过龙的帮助,而《史记》更以龙蛇比喻君臣,"龙欲上天,五蛇为辅",龙指晋文公;《史记·秦始皇》中还将秦始皇称为"祖龙"。从汉代开始,皇帝都自命为真龙天子,开始了真正意义上的君权神授。《史记·高祖本纪》中讲到,刘邦的母亲刘媪梦与龙交合,怀孕生下了刘邦。刘邦的相貌奇特,有些像龙。从此以后,龙与王权完全交织在一起。皇帝是龙,与皇帝有关的一切都用"龙"来称呼。例如,皇帝的身体叫龙体,模样叫龙颜,皇帝即位叫龙飞。高兴了叫龙心大悦,耍威风是龙威,发号令是龙吟,诏书传下称龙函。皇帝的龙袍绣有九条金龙,从前面或后面看都是五条金龙,正合"九五之尊"的帝王称号。皇帝坐龙椅、乘龙船、坐龙辇、伏龙案,睡龙床,皇帝的家像座"龙窟",建筑群和用器上全由龙纹装饰。皇帝死去叫龙驭宾天。总之,龙是皇权的徽记,皇帝专享,其他人不可擅用。

龙涂抹着皇权的等级色彩,成了皇帝才能用的符号。但龙并没让皇家独占,反而在民间异常兴盛。因百姓是皇帝的子民,所以龙在民间的地位象征着帝王在子民心中的地位,这并没有妨碍到皇权利益。所以,一方面是皇家的龙,另一方面是百姓的龙,相互映衬,演绎成古代中国的文化奇观。

2.5.4 辰龙的图形设计

龙是十二生肖之中唯一人造的"想象造型",具有丰富的艺术内涵和独特的美学意义。龙的图形,也是在不断变化中存在的。造型不同的蟠龙、团龙、云龙、飞龙、走龙、卧龙,以及一足独立的夔龙,丰富多彩。民间工艺中的龙图形,有舞龙、剪纸龙、风筝龙、板凳龙等等,无论是祥瑞喜庆、平和温顺、富贵华丽的龙,还是凶神恶煞、威武雄霸、顽皮淘气的龙;无论是庄重凝滞、金镶玉嵌的龙,还是艳彩鲜亮、充满活力的龙,总之,龙形成了万千气象。

壬辰年生肖龙邮票中的龙,是团龙的造型,也可称正座团龙。其设计灵感源于皇帝龙袍前胸织绣的正金龙图案,并参考了清代琉璃九龙壁的造型及色彩。清代是龙形象发展的全盛期,龙的图形有着严格的皇家规范。蟠龙龙体盘曲,以龙首居中,头尾呼应,形成团曲之状,正面而座,威严肃穆地逼视,有一种震慑和神圣感。龙的表情狰狞可畏,令人产生一种不敢亲近的敬畏,让看惯了祥瑞、敦厚的龙的人为之震撼。龙身以红黄二色为主,辅以青、蓝色,彰显出五彩斑斓、华丽富贵的鲜活感。用色上,则体现出宫廷龙和民间龙诸元素的有机结合,有着强烈的现代装饰美感(图2-41)。

庚辰年生肖龙组合邮票中(图2-42),其中一幅上的龙取材于陕西出土的汉代青龙瓦当图案。瓦当中间有一圆形乳钉,龙表现为翘首抬足、卷尾上扬的样式,昂首阔步,体形卷曲呈S形,主体为兽身,似行走之龙,充满了勃勃生气以及动感和张力,体现出了盛世雄风,洋溢着蓬勃向上的精神力量。2007年,中国和印度尼西亚联合发行了"舞龙舞狮"特种邮票(图2-43),其中代表中

图2-41 壬辰年生肖龙邮票

图2-42 庚辰年生肖龙邮票

国的舞龙图案,使用了重庆铜梁县的大蠕龙的外形,龙头大嘴半开,口中含宝,面貌威严而慈祥,华丽的龙身红黄蓝三原色相间,精心绘制鳞甲、龙鳍,体现出细腻精美的扎龙工艺,具有一种古朴大方的民俗气质。

图 2-43　舞龙图案的邮票

2.6　巳蛇与"龙蛇之变"

2.6.1　巳蛇的生肖神格

蛇的图腾崇拜在我国原始社会中便存在,仰韶文化的陶器上有蛇的图像,这图可能就是当时的氏族图腾。传说中的汉人祖先,亦有不少是蛇的化身。据《列子》记载:"庖牺氏、女娲氏、神龙(农)氏、夏后氏,蛇身人面,牛首虎鼻。"《山海经》里有"共工氏蛇身朱发"之说。在伏羲部落中有飞龙氏、潜龙氏、居龙氏、降龙氏、土龙氏、水龙氏、赤龙氏、青龙氏、白龙氏、黑龙氏、黄龙氏等 11 个氏族,它们可能是以各种蛇为其图腾的氏族。上古时期人们信仰蛇神,尊蛇为始祖神,这在很多上古创世神话传说中都有所体现。

《楚辞·天问》载:"女娲有体,孰制匠之?"王逸注:"女娲人头蛇身,一日七十七化",其子王延寿《鲁灵光殿赋》亦云"伏羲鳞身,女娲蛇躯",将女娲当作象征女阴的蟠蛇图腾。《太平御览》卷七八引《帝系谱》载:"伏羲人头蛇身,以十月四日人定时生"。《拾遗记》卷二又载:"蛇身之神,即羲皇也。"将伏羲当作象征雷电的"两头蛇"图腾。相传伏羲也自称是蛇的后裔,据《山海经·海内经》的记载,上古时期人们还把五帝之首的黄帝轩辕氏当作象征云气的"四蛇相绕"图腾等,诸如此类关于蛇的图腾形象的记载比比皆是,说明上古时期蛇被认为是人类的始祖而备受崇拜。蛇王崇拜是后人延续先祖敬蛇心态的典型表现,过去民间还有给蛇王过生日的习俗。

蛇,又称作"小龙",说明人们对龙、蛇有混合的模糊的印象。汉代画像石中,伏羲、女娲是人首蛇身的形象,古书中也有"伏羲鳞身,女娲蛇躯"的记载,可以想见,古人并没有将龙和蛇分得太清楚。古籍中有许多关于蛇龙互变的记载,如王允在《论衡》里说:"龙或时似蛇,蛇或时似龙。"又说:"龙鳞有文,于蛇为神;凤羽五色,于鸟为君。"四象之一的"玄武"就是由龟和蛇组合成的一种灵物,说明蛇早已作为动物和自然天象集大成的融合体,汉瓦当、汉画像石均可见蛇缠龟图案。所以在十二生肖中,蛇紧随龙之后。

蛇是象形字,"巳"为它的象形。蛇出没的地区,如福建的"闽"字、四川的"巴""蜀"两字,也都凝结着蛇的传说。在民间,蛇常常化作人形。在少数民族的故事中,蛇化身为男性,如傣族有"四脚蛇阿銮"的故事,苗族有"蛇郎和阿宜"的传说,土家族有"龙郎和秋娥"的故事。这些故事中的蛇郎都是青春、力量与奋斗的象征。在汉族地区,以阴阳之说来归类的话,蛇属阴,所以《诗经·小雅·斯干》中有"维虺维蛇,女子之祥"的说法,认为梦到蛇将会生女孩。影响所及,派生出蛇成精以后变为女人的故事。沿这一思路所编织的经典故事,就是大家耳熟能详的《白蛇传》(图2-44)。

图2-44　杨家埠年画"断桥"

2.6.2 巳蛇的民间习俗

在民间习俗中,蛇不都是以令人恐惧的形象出现的,反而很多地区将蛇视为吉祥的象征,认为蛇能保家中平安,带来财富(图2-45、2-46)。青海地区,以家中有蛇为吉利。在山西、陕西等地区,流行捏"蛇婆婆"的习俗,蛇为绳,能捆钱财,取其发财致富之意。福建平和三坪村,村民视蛇为平安吉祥之物,认为家中栖蛇越多越吉利。河湟地区有些妇女,在月饼上做蟠桃图案,然后捏制一条长蛇,蛇头对蟠桃,通过献月,祈求生一个福寿双全的儿子。具有宗教意味的西藏石雕"蛙与蛇",也有同样的含义,一只蛙周围数条蛇围之,上面的经文有祈祷莲花师之意,实质也是表达消灾免难之愿。

图 2-45　蛇剪纸

图 2-46　蛇剪纸

2.6.3 巳蛇的文化寓意

通过上面所述,蛇的地位紧随龙后,所以,当龙纹成为封建时代等级最高的符号时,蛇纹则为臣子服饰的最高等级图案。蛇与龙的图形近似,但有着截然不同的符号意义。明朝的贵官,皇帝赐蟒衣、蟒袍。

2.6.4 巳蛇的图形设计

在中国古老文化中,蛇作为我们先人的图腾始祖神被崇拜。我国蛇类主要分布在长江以南,这主要与蛇的生长栖息环境有关,而长江以北地区的蛇类就相对较少。

在十二生肖中,蛇的图形应当是最难设计的。它无角、无爪、无鳞,而且许多人对爬行动物的形象有不适的感觉。其常见造型很难突出艺术效果,故与蛇相关的民间艺术品和平面设计都相对较少。所以,在设计蛇的图形时,应遵循这样的设计规则:注意避开它可怕的自然形态,在保留蛇的基本生态特征的同时,以想象的创作手法,将蛇的造型单纯化,增强整体感,再注入民间的色彩、花纹或艺术形式(如民间剪纸等),与古老文化结合,体现蛇的文化性和神圣感,为其添加美好、吉祥、喜庆的内涵。毕竟,蛇在我国图腾中被当作始祖神,但今天人们对蛇的认知具有恶感,应当通过设计,让更多的人深度了解蛇的文化背景,并由此恢复蛇在人们心目中的美好形象。

吴冠英设计的癸巳年生肖蛇邮票(图2-47),其盘蛇方式的灵感来源于设计师所见的一幅钱串子盘绕在树干上的图画。蛇的尾巴翘上去,使图形看起来更加饱满,蛇尾像祥云或如意,实际是按照灵芝画的。蛇身用的是红色,取自古代讲赤蛇是大吉的意思。牡丹头饰表示富贵,蛇身上代表四季的桃花、荷花、菊花、梅花,表达的是反复、长久的意思。蛇衔的珠子源于晋代小说《搜神记》里蛇衔明珠以报恩的故事,传说蛇衔宝珠为吉兆,喻积善行德、知恩图报之意。己巳年蛇生肖邮票中,设计了一条嘴叼灵芝、作螺旋状盘绕的蛇,蛇身上绽开的牡丹、荷花、秋菊、腊梅,象征着四季平安、美好吉祥(图2-48)。

图2-47 癸巳年生肖蛇邮票

图2-48 己巳年生肖蛇邮票

在辛巳年蛇生肖邮票中,第一枚图案的原型采用了山西民间艺人白秀娥的剪纸蛇。蛇身上有梅花纹饰,白色衬底,从外形看蛇身犹如一朵水仙花,体现出灵气又活泼的动态美(图2-49)。第二枚的图案采用了陕西剪纸艺人贾四贵的作品,双蛇对衔一朵莲花,簇拥一轮旭日,黄色蛇身,中间为红色楷书"蛇"字,寓意祥云普照(图 2-50)。

图 2-49　辛巳年生肖蛇邮票

图 2-50　辛巳年生肖蛇邮票

2.7　午马与"天马行空"

2.7.1　午马的生肖神格

马居六畜(马、牛、羊、鸡、犬、猪)之首,是人类最早驯化的动物之一。古籍中有"相土作乘马"的记载,说明四千年前先民已懂得用四匹马驾车作为运载工具。无论是在游牧文明还是农耕文明中,马都是不可缺少的帮手,被视为家庭中的重要成员。冷兵器时代,以马组成的战车是最具威慑力的军事力量。战国时期,马车越多意味着军事力量越强,"千乘之国""万乘之国"就是用来形容一个国家是二等还是一等军事强国。当人们发现人与马配合的骑兵更快速灵活时,战争掀开了新的一页。成吉思汗的铁骑横扫欧亚大陆时,人们更深刻地认识到,马是如此深刻地影响着人类历史。

马关乎国家大事,所以人对马的依赖和关注胜过其他动物。汉武帝为获取西域珍贵的"汗血宝马",不惜发动战争。此马毛色发红,出的汗在阳光下看似流血,日行千里,因其名贵也称"天马"。西楚霸王项羽兵败无颜见江东父老,自杀前却将爱马乌骓托付给亭长:"吾骑此马五岁,所当无敌,常一日千里,不忍杀,以赐公。"此马因此而名扬千古。三国时代,有"人中吕布,马中赤兔"之说。赤兔归关

图 2-51　壬午年生肖马邮票

羽之后,又助关羽屡立战功。张飞的坐骑也有"人中张飞,马中玉追"的说法。刘备的"的卢"危急时刻跃过檀溪,使追兵瞠目结舌。唐太宗开创大唐基业,马上打天下。历朝历代帝王们都爱马、骑马,各朝代实行的"马政",是军国之大事。

马在人类历史中的重要作用,使人类文化中许多地方都留下了马的印迹(图 2-52)。《庄子·秋水》中"骐骥骅骝,一日而驰千里",前四个字中都以马作偏旁,《辞源》里收录了以"马"为部首的字 151 个,这足以说明马在中国文化中的地位。古人对马的偏爱,从考古中可得到大量的例证。从秦兵马俑、汉铜马俑到唐三彩马,各个时代、各种质地、各种形态的马都栩栩如生。

图 2-52　历史悠久的马文化

午属马。《诗经·小雅·吉日》中有"吉日庚午,既差我马",以午对马,指庚午吉日时辰是跃马出猎的好日子,这是将午与马相对应的例子。可见在春秋前后,地支与十二种动物的对应关系已经确立并流传。宋代王应麟称此为"午马之证"。有关马的另一则材料在《吕氏春秋·达郁》中出现:"郁者,不阳也。周鼎著鼠,令马履之,为其不阳也。"周朝铸鼎,图纹是马踏鼠,实际正是取意"午马踏子鼠"。五行中,子属水,为阴;午属火,为阳。可见,在这幅铜器图案中,鼠与马的符号被用来表示阴与阳,意思是淤滞和畅达。

龙马有缘,既是《易经》传说,又是天文学话题。"龙马河图"是关于中国文化发轫开端的神话,相传伏羲时代,黄河出现龙头马身的神兽,马背上有一幅星图,称为河图,伏羲按照河图的数字,创造了八卦。《西游记》里的白龙马就是龙马神兽的翻版。当然,白龙马也借鉴了佛教中白马驮经的典故。白马驮经与龙马出河,都具有文化史上的意义。从天文学角度看,房星连着龙,也连着马,于是龙、马变化的创意,被写入了天空,古人以马命名了许多星辰。在传统纹饰中,常见马奔云水间的图样,水为龙的故乡,这类纹样也是"龙马归一"观念的体现。

2.7.2 午马的民间习俗

中国自古有祭马的民间风俗,并流行于全国。春祭马祖,夏祭先牧,秋祭马社,冬祭马步。马祖为天驷,是马在天上的星宿;先牧是教人牧马的神;马社是马厩中的土地神;马步是危害马群的灾神。

马背上民族的节日,最能体现马的特色。蒙古族的传统节日有马奶节和赛马节,每年农历八月末举行。这天,牧民们穿上节日盛装,骑着马,带着马奶酒,汇集到草原上,准备节日奶食。太阳升起时开始赛马,结束后,人们在马头琴的伴奏下,宴饮祝酒,纵情歌唱,一直到深夜。佤族过春节时要喂马吃糯米饭,通过观察马在厩中的姿态来占卜吉凶,以马头朝东方为幸运年,朝西方则被看作不吉利。汉族的习俗是信仰马王爷,即司马之神。农家于农历六月二十三日祭祀,祭品为全羊一只。

在湖北,传说新娘出嫁时,男方会请一位方士,在门外设香案祭告天地和车马神,表示驱除煞神。在东北地区,有汉、满族踏马杌的婚俗,新娘下车后,足踏马杌,脚不沾地,以避邪祟之扰。贵州苗族有"背马刀提亲"的婚俗,青年男女相爱,经双方家中议婚三次之后,男方就要背马刀前往,正式提亲。

在151个与马有关的汉字里,大部分如今已不再使用。美国汉学家爱伯哈德在《中国符号词典——隐藏在中国人生活与思想中的象征》里说:"马是中国人生肖中的第七种动物。在中国古代,有许多不同的词,来描述不同大小、不同颜色的马。这些词汇的死亡,表明马在当代中国历史中的作用已经大大降低。"此话属实,马在现代生活中的作用已远不如古代。但是,因为马文化的博大精深,由马而生发的成语仍为人们熟悉和使用,如"老马识途""老骥伏枥""青梅竹马""塞翁失马"等,说明马仍然是中国多姿多彩的文化载体。

2.7.3 午马的文化寓意

马的文化寓意离不开人,就像马文化是我们民族的骄傲一样,人与马互相辉映,互为依托,存在不可分割的联系。

马作为人才的隐喻,是能力、圣贤、人才、有作为的象征,"千金买骨"的典故来源于此。战国时期各国君王招揽人才,燕国的郭隗对燕昭王论述人才问题时,就用了千里马的比喻。这则出自《战国策》的寓言故事,向我们展示了求贤若渴的道理,也以千里马比拟"非常之人才"。好马日行千里,然而千里马十分难得。不惜为马发动战争的汉武帝在求贤诏里,也在征纳千里马式的优秀人才。

从马群中挑选出类拔萃的良马,绝非易事;同理,从芸芸众生中挑选非凡人才,也是一项高深的技术。商代已有相马人的职业,其中的佼佼者,被人誉为伯乐。唐代韩愈曾说:"世有伯乐,然后有千里马;千里马常有,而伯乐不常有。"伯乐本为天上星,古人认为此星主管天马,此名传天下后,伯乐被人格化,并出现了许多有关他的传说,故民间将擅长相马术的人称为伯乐。自然,以马喻人时,把俊杰之士比为千里马,将善识才、善举才者比作伯乐。北方有句歇后语,"是骡子是马,拉出来遛遛",看似通俗,实则也是指在用赛马的方式来选拔人才。人们把许多杰出人才怀才不遇,人才被埋没的沉闷局面叫作"万马齐喑"。清朝文人龚自珍有诗为证:"九州生气恃风雷,万马齐喑究可哀;我劝天公重抖擞,不拘一格降人材。"

马的勇猛、坚毅、奔腾向前的精神,始终伴随着中华民族,成为民族精神的本质所在。

2.7.4 午马的图形设计

《说文解字》说："马，怒也，武也。"怒、武，正体现出马的典型风格。马奔腾如电闪雷鸣，是它的冲击力、爆发力的写照；马仰天长啸时威风凛凛，见出它不受羁绊的"烈马"个性。一日千里的狂奔，生发出由马及火的联想，所以马的图形，大都是刚健伟岸、驰马彪悍的阳刚形象。这也得益于"午"对马形象的归纳和提升。马之"烈"的个性，挂靠于宇宙乾坤这个大哲学框架之中，这也是在马的图形设计中需着重描绘的地方（图2-53、2-54、2-55）。

图 2-53 马邮票

图 2-54 午马剪纸

图 2-55 美国战马邮票

1969年在甘肃省武威县雷台的汉代张将军墓里发掘出一匹铜奔马。这匹马造型生动，铸造精良，比例优美，令中外艺术家叹为观止。马作飞奔状，举足腾跃，一只蹄踏在飞翔的燕子身上，燕子惊恐地回望，整个马的重心就放在这只燕子身上。这种浪漫主义手法烘托了骏马矫健的英姿，给人以天马行空的艺术感染，造型既写实又传神，将力的感觉和动的节奏完美地平衡在一起。多年来，人们一直在猜测古人设计的初衷，试图为此马取一个完美的名字。于是出现了"天马""铜奔马""马超龙雀""马神—天驷""马踏飞燕"等众多名称，现在多以"马踏飞燕"称之(图 2-56)。

图 2-56　马踏飞燕与纪念邮票

马作为一种符号，古人将其与红色和烈火划为同一类别。从五行说上理解，色红，属火，还有方位在南、时序为夏，马的这些符号意义，其实都离不开地支午，它是由生肖午属马所决定的。庚午年生肖马邮票的票面采用绿底色，使红鬃黑马显得鲜明而又充满生机。设计者采用了中国传统的民间剪纸和皮影画的手法，绿底色上的黑色马身、火红的马鬃、雪白的三蹄、饰红荷花图案的鞍鞯、鲜红的辔头以及脖子上带穗的铃铛等十分醒目，显得色彩缤纷(图 2-57)。壬午年生肖马邮票的设计师选用了一件线条简洁流畅、黑白两色的陕西凤翔泥塑马,作为画面的主体形象。在色彩的处理上,打破了传统的视觉属性,将泥塑马简朴的黑白两色放置在大红的背景之上,体现出中国传统的喜庆色彩,用以渲染邮票的贺岁气氛。在第二枚邮票的红方斗上,一个大大的楷体"马"字,也体现出了民间新春贴"福"字的祥和习俗(图2-51)。甲午年发行的生肖马邮票,造型汲取了我国古代马雕塑的精髓,并参考唐三彩马的特征,运用富含吉祥寓意的传统装饰图案,表现出了马的俊朗、强健与吉祥。白马面颊俊秀、筋骨雄强、体态优雅、气宇轩昂,装饰在马身上的牡丹、蝙蝠,表达了"马上得福""吉祥富贵"的美好寓意(图2-58)。

图2-57　庚午年生肖马邮票

图2-58　甲午年生肖马邮票

2.8 未羊与"羊致清和"

2.8.1 未羊的生肖神格

"马驰率风,羊致清和",十二生肖迎来送往,排名第八是未羊。

汉代许慎释"羊"字时说:"美,甘也。从羊从大。羊在六畜中主给膳,美与善同。"明末清初屈大均套用许慎的定义,在《广东新语》中说:"东南少羊而多鱼,边海之民有不知羊味者,西北多羊而少鱼,其民亦然。二者少而得兼,故字以'鱼''羊'为'鲜'。"由此可见,羊给人以口腹的美,与人们的生活关系极为密切。羊优异的膳食品质强化了人们对羊的情感,从而把它视为吉祥的象征、仁义的规范,甚至视为神化的图腾和宗教的圣物(图2-59、图2-60)。羊对人类的贡献,绝不仅限于饮食,以"羊"为"美"的汉字构造,说明羊与中华民族的传统文化的发展有着很深的历史渊源。

图 2-59　未羊剪纸

图 2-60　马羊结合的剪纸

几万年前原始人在岩画上镌刻了各种羊的形象,说明有些民族很可能以羊为其图腾。《说文》中记载了游牧民族古代羌人(也称西戎)是"羊种",《史记》也说他们是"牧羊人",以现代语言来说就是,羌人把羊作为自己民族的图腾祖先,看作是同一血脉,对其虔敬供奉。羊人为"美"的逻辑,以及"羌"人、"姜"姓,都是源于崇拜羊图腾的氏族的名号。后来,羊被驯化成家畜,成为人类重要的生活资料。我们都知道,祭祀对古人来说是国之大事,羊则是祭祀活动中最为重要的牺牲的角色之一(还有牛)。祭祀宗庙祖先,以羊为大牲,且要体毛完美者。

古人释"未",既表月份也作时辰。许慎说:"未,味也。六月滋味也。五行木老于未,象木重枝叶也。"刘熙《释名》写道:"未,时也;日中则昃,幽昧也。"

十二生肖两两相对,讲究六合。地支六合指子与丑合,寅与亥合,卯与戌合,辰与酉合,巳与申合,午与未合,以属相看,即鼠与牛为合,虎与猪为合,兔与狗为合,龙与鸡为合,蛇与猴为合,马与羊为合。所以,在许多民间工艺品中,常见马羊结合的图形。

2.8.2 未羊的民间习俗

民间流传的习俗多为传播传统道德说教的,所以"羊跪乳"的故事成了妇孺皆知的典故。东汉蔡邕《为陈留太守上孝子状》以乌鸦说孝,以羔羊说敬:"乌以反哺,托体太阳;羔以跪乳,为赞国卿。"这个观念相沿成俗,旧时汉族民间有"送羊"的岁时风习。在河北地区农历五月十三是送羊节,外祖父、舅舅要给外甥送面羊(白面羊形馍)。一是希望孩子长大成人,二是教育孩子孝敬父母。另外,每月初六、初九为羊日,青海藏民这天不许抓羊。山东、湖北、江西则有谚语:"六月六日阴,牛羊贵如金。"

哈萨克、蒙古、塔吉克以及阿富汗一些国家和民族流行"叼羊"的马上游戏。在喜庆的日子里,人们在几百米外放一只羊,骑手们分成几队来抢夺。也有一青年骑手叼羊冲出,后面的人紧紧追随,有的配合争夺羊,有的配合保护羊,持羊到终点的人为胜者,大家当场把羊烧熟,一起分享。今天,哈萨克人还流行"羊头敬客"的风俗,新友到来,宰羊招待。

婚姻喜事也用羊。郑玄《婚物赞》:"羊者,祥也。"敦煌写本《新集周公解梦书》:"梦见羊者,主得好妻。"也是根据羊即祥的联想。锡伯族民间有"抢羊骨头"的婚俗,流行于今新疆地区。迎亲时爹娘在新人炕沿上放一块羊大腿骨,双方兄弟姐妹聚于新房抢羊骨头。男方家抢到羊骨头意味着新郎勤劳能干,能养家;女方家人抢到羊骨头,则意味着新娘会持家,家庭和睦兴旺。

2.8.3 未羊的文化寓意

羊被视为吉祥的象征由来已久。

古文中,"羊"字与"祥"字是相通的。《墨子·明鬼下》云:"有恐后世子孙不能敬以取羊。""羊"开始作为"祥"的意思出现。许慎《说文·羊部》云:"羊,祥也。"《汉书·南越志》记:"尉佗之时,有五色羊,以为瑞。"出土的西汉铜洗,纹面"吉祥"二字也被写作"吉羊"。《示部》"祥"下说:"福也。从示羊声,一曰善。"《本草纲目》引董仲舒说:"羊,祥也,故吉礼用之。"吉祥的礼俗中常用羊做牲,就是因为羊能传达吉祥、福祉之故。上文已介绍,羊之大者则美,美与善又是同义。羊的形体肥美,古人把一切美好的事物,都用羊来形容。王国维《观堂集林》也说:"祥,古文作羊。"从古文"羊""祥"通假可以看出,羊显然是古代吉祥物。人与羊的亲善与和谐关系,使得羊成为吉祥、福祉的象征。

除了与"美"有关,羊也成了中国传统道德里"善"的标准。羊性情温顺、宽厚仁义、知礼有仪,其美德让人推崇,人景仰"羊"的善行;反过来,"羊"也外化为理想化的人。国人传统思维和行为方式的形成过程体现了这种生成关系,羊的优良品德,自然成了人格化的道德准则。徐中舒说:"盖人以羊为美味,故善有吉美之义。"

在中国传统道德观念的认知中,羊被视为具有仁、义、礼之德。董仲舒《春秋繁露·执贽》说:"羔有角而不任,设备而不用,类好仁者;执之不鸣,杀之不谛,类死义者;羔食于其母,必跪而受之,类知礼者;故羊之为言犹祥欤!"羊羔有角,却并不抵触,说明好仁;羊被捉,却并不惧怕哀叫,说明有义;羊羔跪乳,以此为敬,说明知礼。羊的仁、义、礼,也是人格化了的羊的优秀道德品质。

在"以德治国"的传统社会里,"德"还具有"法"的意义。传说中的独角神羊名为"獬豸",专管司法执法,代表明辨是非、公正严明,其怒目圆睁的相貌含有威慑邪恶的力量。所以,獬豸又叫"任法兽"。早在春秋时期,执法官员就开始以獬豸冠表明身份,一直流传下来。它寄托了古人执法公平的社会理想。

总之,羊之物象成了最美好的意象,在民间有三羊、五羊的多重祝愿。"三阳"意为春天开始。根据《易》之《泰》卦,冬至一阳生,十二月二阳生,正月三阳开泰。正月正是三阳生泰卦,此时既是立春,又逢新年。冬去春来,阴阳消长,万物复苏。根据泰卦的释义,"三阳开泰"引申出好运即将降临之意,故"三阳开泰"便成为岁首人们用来互相祝福的吉利之词。"羊"与"阳"两字谐音,所以古代也用"三羊"来代替"三阳",把"三阳开泰"写成"三羊开泰"(图 2-61)。这一吉语,有深层的文化含义,既取意于"三阳"新春时节的吉祥称颂,又兼有易传中泰卦好运降临之意蕴。所以,年画中常见这一主题(图 2-62)。五羊神话在广东一带流行,广州别称羊城。传说周夷王时,五个仙人骑着口衔六串谷穗的五只羊降临楚庭(广州古名),将谷穗赠给人们,祝这里永无饥荒。仙人言毕隐去,羊化为石,"羊城"寓意吉祥。

图 2-61 "三羊开泰"剪纸

2.8.4 未羊的图形设计

羊作为吉祥的象征,自商代的"四羊方尊""三羊铜罍",到汉代的"羊形铜灯"、唐代的"三彩陶羊",可以看出羊的典型特征在头部,是人们审美的集中点,所以羊角、羊须是重点的表现对象。在人类社会文化中,人们把羊作为吉祥、富裕、善良的象征。所以,在图形设计中,也应当结合民俗工艺,取其吉祥之意。

辛未年生肖羊邮票的图案是一只布羊。这只朴素的回头羊,身上绽开着牡丹、茶花、菊花、梅花,象征着一年四季。羊足向前,羊首回顾,既有瞻前,又有顾后,体现出首尾照应、前后统一的姿势。羊角被处理成一对强有

图 2-62 年画"三羊开泰"

力的直角,显出坚韧顽强的性格;羊须则用几条带有韵律感和节奏感的装饰性曲线洋洋洒洒地画在羊嘴下面,使整个羊平添几分风采(图2-63)。

癸未年生肖羊邮票选用了陕西凤翔民间工艺品彩绘泥塑,这只花羊造型生动、可爱,从头到脚全身色彩饱满,艳丽却不俗气,喜庆吉祥。"三阳开泰"邮票的图形则是一对剪纸羊和一字书法"羊",构成三羊,寓意"三阳开泰",由绿底衬托,显得生机勃勃(图2-64)。

图 2-63　辛未年生肖羊邮票

图 2-64　癸未年生肖羊邮票

2.9　申猴与"灵猴神通"

2.9.1　申猴的生肖神格

猴是十二生肖中最有灵性的一种。云梦睡虎地秦简《日书》记载:"申,环也。"古代"环"可读"猿"。天水放马滩秦简《日书》记载:"申,猴矣。"申即猴。东晋《抱朴子》所记:"申日称人君者,猴也;称九卿者,猿也。"以上都将猴与地支申联系在一起。

图 2-65　壬申年猴生肖邮票

十二生肖中，申猴排第九，有特别的意义。传统风俗对于数字的重叠给予了格外的关注。古代历法中，以建寅之月为岁首，二月建卯，三月建辰，四月建巳，五月建午，六月建未，七月建申，申与七结缘。除了农历七月是申月，正月初七恰好是古代的"人日"（女娲造人的日子），也同申猴发生了间接的关系。此外，农历七月初七牛郎织女相会，这天被称作"七夕节"，除了表达人间爱情相思之苦，更包含着深层的家庭与人生的话题。申之七、正月初七"人日"和七月初七，这些数字的重叠，与申属猴，不能说仅仅是巧合而已。同时，申猴还有一个天干地支的重叠期，就是庚申的重叠，庚与申都在西方，都属金，所以古代有守庚申的习俗。守庚申原本是道教的修养术，就是逢庚申之日，夜不能眠，要一直守到破晓。唐宋以后，不再限于道家，坊间百姓都有了守庚申的习俗。"三勿猴"就是此风俗派生出的有趣事象。三只猴子，一只掩嘴，一只捂耳，一只蒙眼，意思是不听不说不看，正迎合了儒家倡导的"非礼勿视，非礼勿听，非礼勿言"的思想。因为申属金，所以猴常常被誉为"金猴"。

　　猴非家畜，生性好动、身手灵活、智力发达，模仿能力极强，被视为聪明伶俐的动物。我国一些少数民族至今还尊猴为"祖神"。《西藏图经》中说吐蕃（藏族）先民以猴为祖先图腾，《唐书》《资治通鉴》也记载着吐蕃人古有"纹猴面"的习俗。藏族古籍《西藏天统记》中有关于其先祖是猕猴所变的神话。至今，在藏族盛大庆典的"跳神"仪式中，仍保留着头戴猴王面具的舞蹈。西南地区的彝族也有崇猴氏族，称"阿奴普"，傈僳族有拜猴氏族，称"猕扒"；生活在云南澜沧江、怒江上游的怒族也崇猴，称"斗华苏"；居住在云南西双版纳、景洪的克木人均崇猴，严禁捕捉猴子；广西南丹县的瑶族，称其始祖妣为"母猴"；土家族、羌族也都有崇猴氏族。汉族居住的广大中原地区，也不难找到崇猴、敬猴的痕迹。四川简阳汉画像石上，蛇身的伏羲与女娲，均呈猴脸。在淮阳，民间至今称猴面人身的泥偶为"人祖"，造型犹如一尊神，头戴冠冕，威严庄重。河南北浚一带，除有巨型泥塑彩绘生肖猴神像外，所有寺院的石雕栏柱上均有不同造型的石猴，每年一度的正月会上也有大量的泥猴玩具，尊称"灵猴"。南阳盆地的小顶山上，每年农历三月有庙会，也有一种石雕"小石猴"，当地俗称"好时候"（谐音），视为吉祥物。南阳伏牛山一带供奉猴神，当地的许多饰品也有猴的造型，取"平安护身、多子丰产"的吉兆。学者宋兆麟认为这些不是一般的玩具，它被赋予了一定的巫术意义。由猴面人祖到抟土造人，包含着"人猿相揖别"的文化积淀和历史遗痕。

2.9.2 申猴的民间习俗

民俗文化中的猴无处不在，神通广大，有"避邪""驱灾""祈雨""求子"等多种功能。

护娃猴在山西、陕西、内蒙古等地流行，当地农家炕头上常有青石雕刻的小石猴(也有炕头狮)，用来拴六七个月刚学爬行的幼儿。母亲将红绳的一头系在石猴腿部上，另一头拴住娃娃。据说，猴能保佑娃娃平安，和石猴拴一起的娃娃长大以后精明能干。除了拴娃娃，还有专门拴马的猴石桩。在陕西、甘肃、山西一带，特别是陕西的渭南地区，几乎村村都有拴马石桩，许多拴马桩的顶端都雕有石猴，戏称"避马瘟"。据说马厩上的猴，有去除瘟病、守护马匹安全的作用。河岸木桩上也有石猴的装饰。20世纪，三门峡、陕县一带古渡口，在木船靠岸系绳的木桩上都雕有一只神采奕奕的猴子，端坐在木桩的顶端，似在张望。据说这里的石猴有护航的寓意，因为猴子水性好，能潜入东海大闹龙宫，敬它可保人船平安。总之，在百姓生活中，无论是家里的炕头、墙头，还是外面的码头、槽头，乃至寺庙石雕，都有"猴"的身影。

因为猴子机智灵敏，顽皮滑稽，有着与人类极为相近的习性，所以许多地区还有模仿猴的舞蹈。湖南湘西的苗族，保留着一种"猴儿鼓舞"，群舞人数不拘，围在巨型鼓前，模仿猴子上树、摘桃子、滚绣球，还有猴拳技巧等，舞风诙谐类似杂技。汉代民间曾流行一种名曰"沐猴与狗斗"的滑稽舞蹈。据《前汉书》载："长卿少府檀长卿起舞为'沐(猕)猴与狗斗'，坐皆大笑，檀长卿因此得罪。罪名曰：以列卿而沐猴舞，乃失礼不敬！"神医华佗的《五禽戏》里，就有一组仿照猴子的姿态动作创编的体育健身疗法。

古人还将猴作为宠物或杂耍之用。民间猴戏多取材于小说《西游记》，猴戏成为地方戏曲中的一个门类。唐代就开始出现《白猿献寿》的猴戏，后来猴戏大量出现，例如京剧《花果山》，还有《闹龙宫》《闹地府》《高老庄》等戏。元明杂剧中还保留有《二郎神锁齐天大圣》《唐三藏西天取经》等剧目。清代以后，又新增《盘丝洞》《混元盒》《金刀阵》《借扇》等折子戏。除京剧外，猴戏在豫剧、徽剧、秦腔、晋剧、河北梆子、清平戏、越调、川剧、吕剧等地方戏中也占据重要位置，"美猴王"形象成为我国独有的动物神之一。

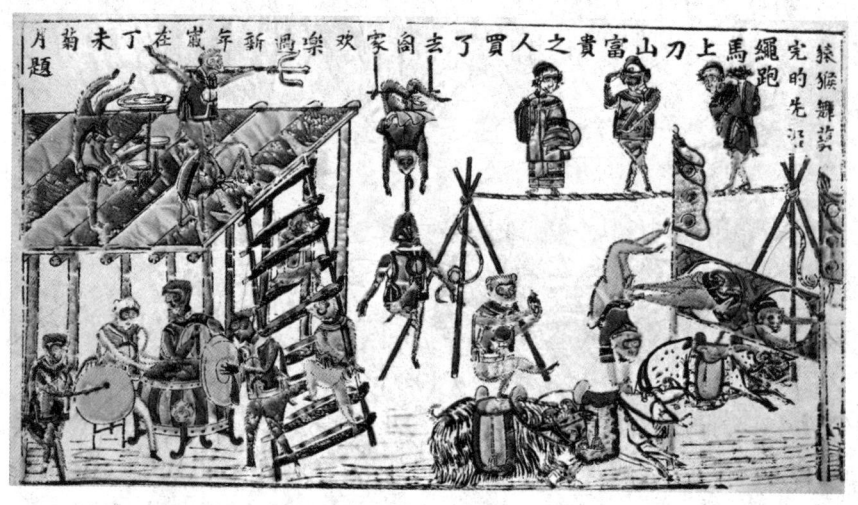

图 2-66 年画"猴戏"

民间与猴有关的工艺品更是数不胜数。早在汉代，陶猴的玩具便在民间出现。盛唐时期洛阳已能批量烧制小型三彩釉玩具"母子猴"，宋代禹州的青釉瓷猴憨态可掬（现藏河南省博物院），明清的各种彩釉瓷猴更为常见。在传统民俗节日里，儿童玩耍的玩具中猴子玩具是最多的。如山东高密、河南淮阳、浚县的"泥塑猴"（哨子）；北京的"蝉塑毛猴"；江苏南京、南通的"绒花猴"；河南镇平的"玉雕生肖猴"、方城的"好石猴"；陕西宝鸡，河南灵宝、浚县，山西侯马、晋城，甘肃千阳等地的"布制猴"；贵州贵阳的"木雕猴"；还有遍及中原各省的"剪纸猴""面塑猴""吹糖猴""皮影猴""木偶猴""木制牵线爬杆猴""耍刀猴""风筝猴""棕叶编结猴""面具猴"，乃至惟妙惟肖的现代玩具猴等，应有尽有。

2.9.3　申猴的文化寓意

"猴"与"侯"同音，引申出多重寓意。"侯"为中国古代的爵位之一（五爵为公、侯、伯、子、男），封侯即显地位。人们希望加官封侯，于是给"猴"增添了一种荣耀神圣、吉祥富贵的符号意义。一只猴爬在枫树上挂印，其寓意是"封侯挂印"；画毛猴跨一骏马而行，称之为"马上封侯"；画一只猴子骑在另一只猴子的背上（"背""辈"谐音），即表示"辈辈封侯"（图2-67）；猴子着长衣戴高冠意为"加官晋爵"。为了满足人们追求功名利禄的意愿，猴子成了借喻的最佳对象，这一题材以吉祥年画居多。

猴子经常出现在绘画中，中国民间木版年画中以"猴戏"为主题的占了很大比重（图2-66），而以猴为题材的吉祥画亦有许多，如画九只猴子攀牵或坐在一棵松树中，因松树被视为常青之木，被赋予了延年益寿、常青不老的吉祥寓意，而九（久）猴又可以表示长久富贵的意思。在剪纸艺术形式中，其图案中表现一只猴子屈蹲在桃树上，猴子两只手臂弯伸在耳朵两侧，宛似一对蝠（"蝠"与"福"同音）形状，构成"福寿双全"的画面；在吉祥物中，桃为五木之精，是天上的神物、增寿的瑞果，有长寿的寓意。猴与桃的结合，恰应了民间谚语"猴桃瑞寿"，表示吉祥如意。

猴与"桃"的话题关系密切，猴天性爱吃桃，桃是长寿的符号（桃子、桃木、桃梗驱邪之说源于汉代桃都山镇鬼神话，宋代王安石《元日》中"总把新桃换旧符"，即有以桃木驱邪之义）。"抱桃猴"被称为贺寿之神，《西游记》中孙悟空偷吃西王母蟠桃的故事来自这个寓意。于是，民间"六猴捧桃"图寓意"六猴献寿"（图2-68）。

图 2-67　辈辈封侯

图 2-68　剪纸"六猴捧桃"

2.9.4 申猴的图形设计

猴可以说是十二生肖中最聪明的动物,它给人的印象是活泼可爱,聪明伶俐。猴的种类十分丰富,但人们普遍了解和最为熟悉的是猕猴。在猴戏等民间娱乐活动以及民间故事、作家文学中出现的猴,主要就是猕猴,例如《西游记》中所描写的猴正是猕猴。

从图形设计来看,民间以猴为原型的器物、工艺品举不胜举,它们对猴的神性及人性都有生动而丰富的刻画。新中国成立后第一套生肖邮票就是从猴开始的。美术界泰斗黄永玉先生设计的1980庚申年猴票为雕版印刷,制作非常讲究,其票面的猴身上的毛在阳光下犹如真的毛皮一般光彩熠熠,用放大镜观察,清晰可见猴子眼睛炯炯有神,毛发根根,这也是甄别庚申年猴票真伪的重要依据(图2-69)。时隔36年后,黄永玉先生再次执画笔设计了2016丙申年的猴邮票,将"金猴"的神奇继续演绎下去(图2-70)。这套邮票的其中一枚采用了金色、黑色和红色三种色彩表现,画面为一只猴子手捧仙桃挂于桃枝之上,取意"捧桃献瑞",寄寓吉祥。另外一枚是一只猴怀抱二子的画面,意为"合家欢乐"。其中一幅图选取了一只猴在玩杂耍,展示了猴戏卖艺的概念。另外一幅图则是用了西游记里齐天大圣的形象。1992壬申年的猴票,一枚图案采用折叠式剪切的剪纸手法,猴桃结合,象征长寿,名曰"猴桃瑞寿"。另一枚图案名曰"喜鹊登梅",以红色喜鹊登梅的民间剪纸挂帘图案为背景,中间大书篆体"猴"字,寓意"双喜临门"(图2-65)。2004甲申年生肖猴邮票中的猴造型,从以前

图2-69 画家黄永玉绘制的庚申年生肖猴邮票(金丝猴)

图2-70 丙申年生肖猴邮票

的传统民间艺术风格中跳脱出来,在强调现代感的同时,还极具卡通味(图2-71)。这个猴造型与以往的设计风格拉开了距离,注重画面的现代感,而且更加市民化、宠物化。当然,在强调时代感的同时,它也结合了中国吉祥的生肖文化元素,将喜气洋洋的好心情传递给每一个人。

2.10 酉鸡与"鸡有五德"

2.10.1 酉鸡的生肖神格

图 2-71 甲申年生肖猴邮票

鸡是十二生肖中唯一的飞禽,它自古就与人的生活密切相关。中国鸡文化源远流长,内涵丰富多彩(图2-72)。

酉与鸡的联合,在远古时代归属在"崇鸟敬日"这个庞大的命题里,这是先民观天测天的结果(图2-73)。宋代朱熹以星空四象为参照,曾提出过"鸡为鸟属,而反居西,又舛之甚者"的观点。四象之中,禽鸟的代表是朱雀;生肖之中,禽鸟的代表是酉鸡。前者方位正南,后者方位正西。四象与十二支都是古典天文学的表述,具有方位的意义。朱雀居南,主火;酉鸡是太阳鸟,随着日出日落,方位在太阳落山的方向。因此,虽然方位不同,却都体现了与"崇鸟敬日"的渊源关系。传说鸡为日中鸟,鸡鸣日出,带来光明,能够驱逐妖魔鬼怪。这个古老的阳鸟神话派生

图 2-72 剪纸"酉鸡有吉"

图 2-73 鸡是传说中的"日中鸟"

出"金鸡寓日"的传说(依靠的是金鸡与阳乌的相似),传说中美丽的金鸡在太阳里居住,鸡鸣报晓,唤得旭日东升。由此可见,古人对鸡的认识,从形式到内容,都体现出"崇鸟敬日"的文化取向。

中国传统文化中的龙和凤都是神化之物。《太平御览》中提到:"黄帝之时,以凤为鸡。"凤的形象来源于鸡(图2-74)。"神化为凤,俗化为鸡",神话中的三足乌、火鸟、凤凰,都是鸡的先祖。所以,鸡也成了一种身世不凡的灵禽,在中华民族文化中它是吉祥的符号和文化象征。

图2-74 战国时期虎座鸟架鼓

酉鸡与卯兔,曾被看作是东、西"错位"的一对。前文中已述,"酉、卯为日月之门",兔是月中之物,却在东;鸡为日中之物,却在西。清代《两般秋雨庵随笔》中说:"日出于卯,卯属兔;月出于酉,酉属鸡。"对此,《山海经》里的少昊神话可给出一种解释:少昊神"主司反景",也就是主管观察太阳升落时光线射出的反影。于是,夕阳西落时光线正射向东方,反射出东方日中之乌(鸡),这就将酉鸡与卯兔衔接了起来,还附上了瑰丽的神话色彩。其实,在古人思维里,太阳的升落,从东到西,这条轨迹恰似一条纽带,所以,卯与酉被统一在日出日落的神话传说里。

"酉"在一天中所表述的时间是傍晚的五点到七点,称为酉时。《说文解字》云:"酉为秋门,万物已入,闭门象也。"《天文训》曰:"酉者,饱也。"《释名》曰:"酉,秀也。"《律书》曰:"酉者,万物之老也。""酉"作为象形字,是酒杯的形状。由此可见,酉字具有秋藏、饱宿、昧暗的意思。因此,用酉与鸡相联,蕴含着方位、时辰、天文学等诸方面的人文意义。

鸡的司晨作用和礼仪功能,是鸡受到古人重视的重要原因。古人没有报时的钟表,公鸡鸣管发达,善以时而鸣。早晨的一声鸡鸣,向人们报告新一天的开始,故有"鸡鸣将旦,为人起活"的说法。公鸡膺司晨之职,鸡鸣是人类生活的时钟。《周易·纬通·卦验》称鸡为"阳鸟",《说文》称鸡为"知时畜",《青史子》称鸡为"东方之牲",《括地图》说"上有金鸡,日照则鸣"。战国时函谷关的开关时间以鸡鸣为准,孟尝君一行学鸡鸣得以出关,被司马迁写入《史记》。可见,鸡有守时、准确的信德,人们赞美鸡时,首先想到的就是鸡的守时报晓。晋代祖逖"闻鸡起舞"的故事,用于形容有志之士及时奋发自励。除了鼓舞斗志,鸡在祭祀、盟诅活动中也必不可少。祭祀用鸡,歃血为盟用鸡,帝王大赦天下也有采取"金鸡赦"的形式(金鸡设于高竿之上以示赦宥)。

2.10.2 酉鸡的民间习俗

鸡在民间是辟邪之神(图2-75)。古代神话《拾遗记》载,友邦上贡给尧帝一种能辟邪的重明鸟,此鸟"双睛在目","状如鸡,鸣似凤",能搏逐猛兽,驱灾消恶。传说鸡为日中鸟,是重明鸟的变形。所以,鸡鸣能够驱逐魔怪。于是,百姓就依照鸡的形象,画鸡或剪成鸡的窗花贴在门窗上,以退魑魅,这也成为后世剪纸艺术的源头。晋代董勋《答问礼俗》中记载,正月初一为鸡日,正旦画鸡于门。南朝宗懔撰《荆楚岁时记》也载有"正月一日,贴画鸡户上,悬苇索于其上,插桃符其傍,百鬼畏之"。可见,魏晋时期鸡成了门画中辟邪镇妖之

图 2-75 骑鸡娃娃

物。明代周亮工《书影》中写道:"正月一日,贴画鸡。今都门剪以插首,中州画以悬堂,中州贵人尤好画鸡于石,元旦张之,盖此地呼鸡为吉,俗云室上大吉也。"这些考据都解释了人们在过年时不但在门上贴雄鸡图,以驱邪恶祈平安,而且把农历新年的首日定为鸡日的原因。春节所画所剪的鸡,不是普通的鸡,而是天鸡。《玄中记》里说,太阳升起时,天鸡啼鸣,它一啼,天下的鸡就跟着叫起来了。所以春节所剪的鸡,其象征天鸡。此习俗流传下来,桃花坞年画中就有"鸡王镇宅"的年画,画中一只大公鸡口衔毒虫(图2-76)。在四川成都一带,

图2-76 桃花坞木刻年画"鸡王镇宅"

门楣上贴鸡是春节的传统习俗。鸡的避邪功能也与民间的盟诅祭祀有关联。旧时汉族和一些少数民族的交际方式是饮鸡血酒,例如结拜兄弟时,宰雄鸡、滴鸡血到酒里,对天发誓,一饮而尽。农历十月初一,河南一些地方要杀鸡吓鬼,民间以为鬼怕鸡血,鸡血避邪。

鸡能辟邪,也能致吉。民间嫁娶婚俗里,将鸡称作"吉人",语源上以"鸡"谐"吉",意为祝福新人吉祥如意。"大吉图"是中国吉祥图案中的传统题材,画一只大红雄鸡立于岩石之上作昂首挺胸状(图2-77)。不仅作镇宅之用,也是以"石"谐"室",即为宅室迎祥的意思。因此,"鸡王镇宅"的图案,又称"室上大吉"。旧时河北、山东等地婚姻习俗中,以"长命鸡"为聘物,山东一些地区还有"抱鸡"的婚俗。娶亲时,女家选一男孩抱只母鸡,随花轿出发,前往送亲。因"鸡""吉"谐音,抱鸡图个口头吉利。然后,男方将公鸡交给抱鸡人,公鸡、母鸡同时拴起来,不得杀掉,故称长命鸡。浙江一带流行"宰鸡"的婚姻风俗。新郎迎娶新娘时,要在女家宰鸡,鸡血不能滴下来,否则滴几滴就罚酒几杯。东南沿海一带流行"公鸡拜"的婚俗,这是用公鸡代替新郎与新娘拜堂的仪式。东乡族有吃鸡娃的婚俗,流行于今甘肃地区。土家族称踢毽子为"踢鸡"。春节时,男女青年一起踢"鸡",然后追求自己的意中人,"踢鸡"成了谈情说爱的媒介。台湾还有一种特别的婚俗,叫"引路鸡"。云南大理地区的白族流行"鸡米礼"的风俗,这是亲戚之间在出生、结婚、盖房时互送的礼品。

图2-77 "大吉图"年画

斗鸡是从古到今一直盛行于民间的活动。《战国策·齐策》最早记载了"斗鸡走狗"的民俗娱乐，考古出土的汉代石刻和画像砖上也可见逼真的斗鸡图像。斗鸡在唐朝最盛，据说唐玄宗沉迷斗鸡，长安设有斗鸡坊，斗鸡成了时髦的行业，当时社会上有"生儿不用识文字，斗鸡走马胜读书"的民谣。后来斗鸡还推广到军中，用以激励战士的斗志。从北宋至近代，河南开封的斗鸡活动堪称一绝。每年农历正月初二，是斗鸡比赛的传统日。旧时，斗鸡是一种赌博。现在，斗鸡作为人们消遣的手段，已成为地方的民间娱乐活动。

2.10.3 酉鸡的文化寓意

古人赞美鸡为"五德之禽"，具备文、武、勇、仁、信五种德行，这一说法源自西汉初期《韩诗外传》中的一段记载："头戴冠者，文也；足搏距者，武也；敌在前敢斗者，勇也；见食相呼者，仁也；守夜不失时者，信也。"一是头上有冠，是文德。雄鸡高耸火红的鸡冠，让人联想到古人的冠冕之礼。古代官帽，文为冠，武为盔。"冠"与"官"谐音，将雄鸡和鸡冠花绘于一图，取名"官上加官"，含有升迁腾达的寓意。二是脚后面突出的似足趾之物（叫"距"），令鸡有趾高气扬之状，鸡爪象征着威武，能斗，是武德。三是敢在敌前拼，是勇德。鸡遇鹞鹰或强敌，羽毛倒竖，会鸣叫迎战。四是家族之间啄食相告，互相挚爱，有仁德。五是"守时不失者信也"，有信德。雄鸡晨啼打鸣，天天报晓，这种守时报时的美德，赢得人们的赞誉，古代帝王甚至"以鸡为侯"。鸡的这五种德行，是由人揣摩归纳出来的，用来比附古代社会人们的行为准则，体现了人们的理想道德观。

在古代的社会生活中，鸡还是生殖崇拜的符号之一。生殖崇拜的重要形式之一，是崇鸟和敬日。太阳东升西落，引起关于生殖繁衍、生生不已的联想。由鸟联系到鸡，所以鸡也被当作生殖崇拜的象征物。西北地区有给出嫁姑娘剪喜花陪送的风俗。喜花的图案常出现鸡，《民间美术概论》一书中写道："剪纸中的公鸡，不是我们感觉的物质的实体，而是暗示抽象的古代阴阳哲学观念中的阳性，也暗示'乾坤'中的'乾'，也是暗示生殖崇拜观念中的男性。"

2.10.4 酉鸡的图形设计

鸡的形态与鸟类非常相似。远古的鸡与鸟一样能在天空中飞翔，后来，野鸡被饲养驯化，逐渐成为家禽，双翼退化不能飞了。鸡的种类有多种，如锦鸡、野鸡、家鸡等。锦鸡又称"金鸡"，有着十分漂亮的羽衣。它头部覆丝状羽冠，后颈有扇状羽，形如披肩，尾羽超过体长二倍。野鸡又称"雉"，羽衣也很华丽，有的长尾雉尾羽达一米以上,舒展华丽漂亮,接近于"凤凰尾"的造型。

中国传统吉祥图案中有"丹凤朝阳",图案是凤凰和太阳。据《尔雅·释鸟》郭璞注,凤凰"鸡头、蛇颈、燕颔、龟背、鱼尾、五彩色,高六尺许。"民间谚语中的"鸡窝飞出金凤凰",即说明凤凰和鸡是相关的。凤凰是古人将多种鸟禽模糊集合而产生的神物,最接近鸡的形象。据《说文》所言,鸡将自己的长喙尖嘴贡献给了凤凰;《乐叶图》称"凤凰至,冠类鸡头",这是说凤凰头上的冠类似于鸡冠。以凤凰为鸡或以鸡为凤凰的情形也很常见,《山海经》载,丹穴山有一种鸟,"其状如鸡,五采而文,名曰凤凰。"徐整《正律》称,"黄帝之时,以凤为鸡"。《孝子传》记,"舜父夜卧,梦见一凤凰,自名为鸡"。这些都说明了凤凰和鸡的图形关联。

辛酉年鸡生肖邮票是由画家张汀创作的,他采用夸张和浪漫的手法,描绘出一只五彩缤纷、英姿勃勃的斑斓雄鸡(图2-78)。它引颈昂首、振奋抖擞、雄视而立、形象传神,既是一位勇士、一位英雄,又是时间前进的响亮号角。

癸酉年的生肖鸡邮票为剪纸画(图2-79),一枚的票面是一只昂首振翅的雄鸡造型,寓意"雄鸡报春"。另一枚是

图2-78 辛酉年生肖鸡邮票

图2-79 癸酉年鸡生肖邮票

"鸡文四季花",篆字"鸡"在造型和线条的处理上,大胆运用剪纸艺术中夸张、变形、移位等综合手法。"奚"旁上部夸大,变平缓为倾斜,同"鸟"旁中过多的斜笔、起伏状边框保持协调和平衡。中部易方为圆并略加收缩,这样左边就形成活泼灵动的态势,而右边的"鸟"旁造型则以稳健凝重为主,两部分用连笔紧密结合,构成整个字形活而不浮、稳而不滞的艺术效果。两幅画面的四周都环绕牡丹、荷花、菊花、梅花四季花卉,寓意鸡年大吉。整套邮票设计得红火、热烈,充满了浓郁的乡土气息。

乙酉年生肖鸡邮票的图案是一只五彩斑斓的大公鸡脚踩着一轮初升的太阳,正在引颈向天歌,而它的背羽、腿脚与朝阳刚好形成一个"酉"字,表达了生命的阴阳和谐。而鸡身像一个"乙"字,体现出生肖纪年的意味(图2-80)。

图 2-80 乙酉年鸡生肖邮票

2.11 戌狗与"狗亦风神"

2.11.1 戌狗的生肖神格

狗,亦称"犬",是人类最早驯化的动物,被称为"人类最忠实的朋友",与人的感情最为亲近(图2-81)。在十二生肖中,狗排第十一位。

原始图腾中,也有对犬的图腾崇拜,这是犬文化的滥觞。中国西南少数民族瑶族、畲族中流传的《盘瓠图》和《狗皇歌》,明显带有图腾崇拜的意识,

图 2-81 剪纸狗

他们认为狗与自己的祖先有血缘关系,进而产生了崇狗的风俗。比如畲族人不准对狗不敬,更不准吃狗肉;滇西苗族流传过年先敬狗的风俗;西双版纳拉祜族传说祖先是吃狗奶长大的,所以禁止吃狗肉;普米族孩子在成年礼时要向长辈和狗磕头;云南纳西族、傈僳族等也均有崇狗、敬狗的特有风俗。

戌属狗,暗含着崇狗古俗的起源地——西北地区。十二地支中,戌代表方位时,居西北。历史上有名的西北游牧民族"犬戎","戎"与"戌"字形相近。以崇狗为原始信仰的犬戎就与十二生肖的戌狗联系起来了。

古语有"风伯,犬首,戌之神"之说。风伯,传说中掌管风的神。民间以狗祭风神,不是因为犬是古代牺牲祭品,而是因为犬属戌,祭风伯重"戌",从这个方面可以说生肖戌狗参与了风神的创造。东汉《风俗通义》:"戌之神为风伯,故以丙戌日祀于西北。"《后汉书·祭祀志下》更进一步讲:"以丙戌日祠风伯于戌地。"礼奉风神时,日期选戌,农历九月;地点选戌,方位西北。时间与空间都择戌而成祭礼,将风、风神、狗与戌联系起来,是一种相当古老的设计观念。

甲骨卜辞记载:"于帝史风,二犬。"郭沫若释:"视风为天帝之使,而祀之以二犬。"相关的卜辞还有"宁风,北巫犬","宁风,巫九犬",都是讲商代为了止息大风,杀狗祀风神的习俗。《山海经·北山经》中也有关于狗为风神的传说。明代王逵《蠡海集》说:"风雷在天,有声而无形,故假乾位,戌亥肖属以配之,是以风伯首像犬,雷公首像豕。"乾位在西北方,对应戌狗亥猪。古人造神,想像风伯是犬首的模样,所以"风伯首像犬"。至于雷公,既有猴脸之说,也存猪首之说。汉字"飙",透露出犬与风之特殊关系的信息。《说文解字》中说:"猋,犬走貌,从三犬。"狗奔跑如风,与狗为风神存在关联。由此可见,古人既把狗看作司风之神,又认为杀狗即可止风。

狗为风伯、杀狗止风的观念,与地支戌有密切关系。戌的方位在西北,这与我国大陆冬季寒流进入的方向基本一致。当严冬将至、寒流袭来之时,冷酷的西北风带来强降温,寒冬的西北风正符合戌的方位。所以,人们为了让风停下来,杀狗止风。当代学者指出,这种磔狗止风的俗信,是具有威胁性的巫术。也就是说,通过威吓司风的狗神,使之惧怕而停风,这不是农业社会中对神的态度,而是更早的原始思维的体现。在原始巫术中,狗常常被作为避邪和诅咒之物,所以民间以为狗血具有巫术的功能,如"狗血喷头""狗血涂门"的说法,就取自巫术的意义。

2.11.2 戌狗的民间习俗

戌神是天狗,又生出民间"天狗吃月亮"的传说,以此作为对月食乃至日食的一种解释。浙江宁波的谚语"天狗吃月亮,地下放炮仗",台州谚语"破鼓好救月",湖南怀化的俗谚"天狗吃月,脸盘子敲缺","破锣破鼓好救月",都是说遇到日食、月食时,只要敲锣击鼓、燃放爆竹,弄出响声来,就能赶跑天狗,让它吐出太阳、月亮来。"天狗吃月亮"也是五行生克说的衍生物,因为戌狗居西,西方属金;月兔为卯,居东,东方属木。天狗吃月亮,印证了金克木的关系,实则反映出人们对这种自然现象的强烈关注。

狗是人们的好伙伴,"天狗"却是凶神恶煞,令人畏惧。于是,民间有了射"天狗"的传说。传说天狗阻挡了天上的星宿下凡投胎,张仙把天狗打跑,这样人们就可以顺利生子,这是关于生育习俗的传说,也与月食、日食有些关系,将天狗食月与怀孕产子融为一体。清代山东潍坊民间年画有《张仙图》,神犬在天,画面中五子游戏于张仙周围,张仙弯弓控弦,射弹而不是射箭,"弹""诞"同音,民间以此讨个口彩。张仙的俗信起自南方,后流传至北方。婚礼风俗上,选择吉日良辰的重要一项就是不要冲犯"天狗",婚礼上有些禁忌都是和"天狗"有关的。

农历四月初八,江苏省丹徒县宝埝一带有"赶狗节"。这天,家家户户都要捏两种狗:一种是拌泥捏泥狗,一种是揉面捏面狗。待晚上月亮出来时,农妇们将泥狗倒下河塘,放一阵鞭炮,然后回家将面狗蒸了吃。

2.11.3 戌狗的文化寓意

古人认为,狗除了有预兆吉凶的作用以外,还有去邪免灾的功能(图2-82)。根据《礼论》的说法,狗属于"至阳之畜",在东方烹狗,可使阳气勃发,从而蓄养万物。狗在阴阳五行学说中,与五行中的金相合,又与方位中的西对应,杀狗有祛除春天的阴湿疫气,使万物复苏生长的效果。李时珍在《本草纲目》中曾记载过狗能禳辟一切邪魅妖术的作用,《华佗别传》

图 2-82 剪纸狗

也有相似的记述。《史记》说，秦国在城池的东、南、西、北四门前磔狗以抵御灾害。同时，用狗血涂在门上来驱逐灾厄，这是自古以来就有的风俗。

2.11.4 戌狗的图形设计

图 2-83 淮阳泥泥狗

图 2-84 壬戌年生肖狗邮票

河南淮阳是传说中"三皇五帝"之首——伏羲建都之地。每年农历二月二至三月三举办以祭祀伏羲和女娲为主题的"人祖庙会"，以求子孙繁衍。那里至今仍保留着远古初民"生殖崇拜"的遗俗。淮阳"泥泥狗"就是伴随着宗教祭祀和古老的民俗而诞生的（图 2-84）。"泥泥狗"又称"陵狗"，是为伏羲、女娲看守陵庙的"神狗"，送亲友"泥泥狗"可消灾祛病。"泥泥狗"造型古拙、怪诞，色彩艳丽，以黑色垫底，周身施以五彩纹饰，随艺人本能的感受，施绘在虚幻神秘的怪异形体上，释放出一种原始图腾艺术的魅力，具有强烈的视觉冲击力和现代感。"泥泥狗"名虽是狗，却是奇禽异兽，造型肃穆、神圣，绝无一般玩具中动物的顽皮神态。

1982 壬戌年的生肖狗邮票（图 2-84），底色为湛蓝色，图案上一只小黑狗昂首挺腹十分可爱。1994 甲戌年的狗票（图 2-85），一枚选取河北民间泥玩具狗为主图，玩具狗身为黄色，圆圆的大脑袋，两条前腿直立，后腿横卧，底色采用故

图 2-85　甲戌年生肖狗邮票

宫红墙的深红色,充分表达出民间以狗看家护院,带来平安家福的意蕴。第二枚邮票以篆书"狗"字为主题,周边的窗花为连绵的花枝和双狗图剪纸,意为人寿年丰、平安吉祥。邮票图像图案为黄色瓷器小狗,小狗微侧着身体,双目炯炯有神地盯着前方,煞是可爱。邮票字样图案为红色剪纸中间的一个小篆体"狗"字。2006丙戌年生肖狗票上的图案是身着彩衣、前足并立、后足曲卧、卷起尾巴、目视前方的一只传统年画狗的形象,画面色彩缤纷,样子憨态可掬,惹人喜爱(图2-86)。

图 2-86　丙戌年生肖狗邮票

2.12　亥猪与"奎日封豕"

2.12.1　亥猪的生肖神格

亥猪虽在十二生肖中排第十二位,但在古代人心目中,却有很重要的地位

图 2-87　亥猪剪纸

（图 2-87）。

亥属猪，从语言文字上分析"亥"字，可知"亥"是一个收藏万物的巨大容器。河姆渡遗址出土的陶猪（外形与现代家猪已十分相似），学者认为这是容器与猪的隐喻关联。《淮南子·天文》中说，亥就是"收藏"的意思，为万物作为将来的种子。《尔雅·释天》说，亥为核，表示收藏万物，正如果实之核繁殖不息。叶舒宪认为，古人以"亥"字来结束十二地支的循环，似乎和母猪是大地母亲的神话观念吻合。地母神在宇宙间承担"收藏万物"之职，与"亥"相同。这一观点极具启发性，如果以出土的盛酒用的青铜猪尊作为旁证，猪确实是一种容器。在古天文观念中，亥、猪配位北方、冬天、十月，象征着收藏万物。

"亥"与"豕"字形相近，遂使人联想成一个生肖话题。"猪"本是象形字，最初作"豕"字（甲骨文中记载），后来在"豕"旁加"者"，到了唐代又改"豕"旁为犬字旁，写为使用至今的"猪"。许慎《说文解字》对"豕"的解释是"亥为豕，与豕同。"

对"亥"的解释还有另一种深层的意思。据《左传》的记载，亥是两首六身的动物。闻一多《伏羲考》认为，"二首"可能象征交媾，也可能意味着"亥"是《山海经》中象征着交配的"并封"之猪。《说文解字》中又有另一解释："亥，荄也。十月微阳起，接盛阴。从二，古文上字，一人男，一人女也。从乙，象裹子咳咳之形。《春秋传》曰'亥有二首六身'。亥而生子，复从一起。"许慎阐述了"亥"从交媾而至孕育产子的过程，"孩子"之"孩"是由"子""亥"两字组成。吴其昌《金文名象疏证》说，"亥"字的原始初义为"豕"之象形，表明两字的原始字义当相同。

汉字"家"中有个"豕"，蕴含着猪带给人们的文化联想。猪是六畜之一，汉字"家"的构成——房屋与猪，是古代财富的标志。农业生活中的家猪最能代表财富，故有"无豕不成家"之说，意思是凡有人居住的地方，就有人养猪，"猪入门，百福臻"。"家"字的另一个说法也与猪有关。考察甲骨卜辞，得知殷人祭祀的场所叫做"家",所以"家"是宗族祭祀的宗庙。在这里,"豕"就是祭品之猪了。有书记载,猪在商代被大量用于祀典,用于平民祭祖,叫做"家祭"。古代人以拥有猪头骨和猪下颚骨的数量作为富有程度的象征,人死后将猪骨作为陪葬品,是对死者的安慰和尊重,具有驱恶避邪意义。所以,坟冢的"冢"也与"豕"有关,它是葬猪的形象写照,先民将猪视作可借以通达神明之物。

猪为亥,亥为北方三支,属水而色黑,古人认为猪的正色当是黑色。所以,猪又雅号"武将军",杜甫戏称猪为"乌鬼",还有别称猪的"乌金""黑面郎""黑相公"等。

在古人的星辰信仰中,有一则关于猪与北斗的传说。考古材料及文献记载中出现过许多以猪象征北斗的观念。汉代人早已有"北斗化猪"的遐想,许多笔记小说中都有"北斗居亥"的说法,明代人们对"北斗相传如豕状"的说法深信不疑。并说"雷公首像豕","豕肖属以配之",这都是由亥猪引发的想象。在古代天文学中,亥猪与北斗的内在属性的确有很多一致之处:水、北方、冬季、黑色,这构成了民间以猪象征北斗的心理基础。宗教的发展,吸收了古代天文星的名称,并加以神格化,逐渐形成民间的北斗崇拜。佛教中猪形神与道教北斗星神的合流则间接证明了北斗与猪神的一致性。

北斗由七颗亮星组成,形似斗勺,易于辨认。先民们把这七星想象成为古代舀酒的斗,通过黄昏时观测斗柄的指向来确定季节。《鹖冠子》《淮南子》均记载:"斗柄东指,天下皆春。斗柄南指,天下皆夏。斗柄西指,天下皆秋。斗柄北指,天下皆冬。"可见中国古代十分重视北斗七星的存在。猪与北斗星的对应关系,则是当时普遍存在的原始自然信仰。最初北斗星被称为"豴星"("豴"即猪),《明皇杂录》记载过一则猪为北斗星之神的故事,揭示出二者的关系。如今,考古界在这方面取得突破,陆思贤、李迪的《天文考古通论》和冯时的《天文考古学》均指出在中国新石器时代遗址(红山文化、大汶口文化、河姆渡文化)中,普遍发现有猪崇拜和北斗崇拜的现象。有一些刻有猪形象的器物和礼器,大多与四季星象或北斗星象有关。

猪与天星的关系,还有一个重要的线索:奎宿。二十八星宿中的奎宿,位居西,与北方七宿相衔接。奎宿共十六星,画线相连的话,呈两头尖状的封闭图形,像两头猪的合体。于是,先民按动物崇拜的原始思维,以猪创造了豨韦氏(天猪之神)。豨韦氏先伏羲出现,辈分最高。《山海经》讲到,这神猪"前后有首,黑",古曰"封豕"。因此,奎宿别称"封豕"。《史记·天官书》:"奎曰封豕,为沟渎。"奎宿这个看似鼓鼓的猪形大气囊,让人联想到"不耗则其气不开"的混沌。这些都是关于冬至、关于北极的远古天文余绪。综上所述，先民们借猪构思了北方星神，以此来确定一个冬至点以便纪岁。同时，猪代表"岁终"，所以一年一度，冬至岁末，杀猪祭天。这是时间上亥与猪的重合。此外，在空间上，确定冬至要观北天的星，于是猪与北方星空有了关联。

2.12.2　亥猪的民间习俗

在民俗文化中，猪作为神圣之物可以镇妖息怪、招福致祥（图 2-88、2-89）。在古代社会，几乎家家户户养猪，其背后也有这样的民俗信仰作为支撑。据宋人笔记说，宋太祖赵匡胤曾亲自在宫中养有两头神猪，敬奉它们以祈求太平、厌胜避邪，这可视为民间原始宗教信仰之反映。民间至今还流传着杀年猪祭灶神的习俗，用以祈求来年吉祥如意、五谷丰收、人畜兴旺。民间一般须在腊月二十五日前杀年猪，二十六日是封刀日，以后就再不能动刀了。把猪杀死后，开剖前要将猪头朝外，烧香谢天地，祈祷神灵赐予幸福。猪与诸同音，因此不少地方逢年节流行杀猪公比赛，隐喻年年丰收、财富满贯、诸事圆满、事事大吉。苗族一些地区有"杀敬门猪"的习俗。当地人认为，人的一生中要杀一两次"敬门猪"，时间在正月初一至初五夜深人静时举行，杀过之后贡献给财神，以求保佑一家老小人财兴旺，鬼不进门。按照风俗，杀猪要秘密进行，"敬门猪"必须一顿吃完，不能留剩。对于湖南湘西的苗族，这是重要的祭典，意在祭祀祖先和雷公。在当地的苗族看来，吃"棒棒猪"能解除病痛、繁殖后代以及招福纳祥。早期人们将神猪整只屠宰，不加以切割而供奉于供桌上，还会在神猪的嘴巴上，塞个橘子表示吉

图 2-88　亥猪剪纸

图 2-89　亥猪纳福

祥。吃神猪肉最初当是吃全猪。在唐宋以前,社祭中有吃社猪的仪式。云南佤族有"猪胆卦"的风俗。杀猪后,根据猪胆判断吉凶。上下纹的胆是吉卦;左右纹的胆是凶卦。过去汉族有一种"打母猪鬼"的民间驱邪活动。凡家中有病灾不幸之事,家中长者便设香案,选黄道吉日,杀老母猪来祭,向神灵许愿,以求驱邪。

在广东的传统习俗中,烧乳猪祭祀已有超过两千年的历史。无论是新店开张、新剧开拍或是清明祭祖,人们常抬出整只烧猪或烧乳猪作为祭祀用品。切烧猪有时是仪式的一部分,分给来者。清明分食乳猪等烧味食品,讲究的是"红皮赤壮"意头,寓意祖先保佑子孙身体强壮安健。

在台湾,目前保存较为完整的民俗祭典是义民节,它是通过"赛神猪"来祭祀的一种习俗,一般每年农历七月二十日举办。神猪是肥大的黑猪,如果在竞赛中获得胜利,则会为来年带来吉祥和幸福。在客家人看来,摸神猪头、食神猪肉可带来好运、保平安,以至于每年吸引很多人高价求购神猪肉。这些习俗根源于猪灵生殖崇拜祭祀,后来逐渐演变为招福纳祥。

猪的各个部位都寄寓吉祥的意义。在江西农村,猪头称为"神户";猪舌头叫"招财",猪耳朵则叫"顺风"。在广东,猪前脚称为"猪手";在浙江沿海地区,称猪头为"利市",猪舌头为"赚头"。这种寄寓吉祥的称法,最初应根源于猪灵崇拜祭祀。在民间,人们至今仍然用猪头祭祀神灵和祖先。

在民间婚俗中,也有用猪来表示吉祥的,如陕西一带有送猪蹄的婚俗。结婚前一天,男方要送四斤猪肉、一对猪蹄,称"礼吊",女方将"礼吊"留下后,还要将猪前蹄退回。婚后第二天,夫妻要带双份挂面及猪后蹄回娘家,留下挂面,后蹄退回,俗称"蹄蹄来,蹄蹄去",表示今后往来密切。在湘西侗族聚居区,流行用猪耳朵定亲的习俗,土家族则流行猪尾巴催亲的习俗。云南西双版纳的布朗族,在婚礼的当天,男女两家要杀猪请客。除请客外,还要将猪肉切成小块,用竹竿串起来分送各家,以示"骨肉之亲"之意。据说,在彝族、白族聚居区及陕西某些地区流行有穿猪鞋的习俗。大人或小孩子穿上猪鞋,能带来种种吉祥。

2.12.3 亥猪的文化寓意

"亥"表示收藏万物,在民俗文化中,"猪象征财富"的观念由来已久,上文已作详述。在汉语言文化中,猪被称作"金猪""乌金"。俗语说:"猪是家中宝,粪是地里金。"白族的民俗中,流传有"金母猪"的神话故事。在吉林前郭尔罗斯地区,流传着"五只小金猪"的民间传说。这些故事都把猪比作财富,也说明了人们视猪为宝的观念。在西藏珞渝马尼岗一带的珞巴族博嘎尔部落,现今仍流行将猪下颚骨当作家庭富有之标志的习俗。土家族是巴人的后裔,有着悠久的尚猪文化。土家人自古以来就奉猪为神,至今流传着摔刀敬猪神的民间习俗。在土家人看来,猪是"血财",发"血财"就是发红财。如果在山中捕获到野猪,或养猪杀了卖掉,都称之为发"血财"。所以,猪神是送财喜的财神。逢年过节,土家人都要杀猪敬猪神,祈求赐予财富。据说,念完猪神歌诀之后,要行法事,摆木盆摔刀,摔刀的目的就是要见"红血"。只有见到"红血",才能有血财。在天津、河北等地,题为"肥猪拱门"的年画或节日窗花,用黑色蜡光纸剪成,猪背上驮一聚宝盆,表示招财进宝,是人们视猪为财富的典型(图2-90)。在人们看来,猪象征着勤劳致富,所以现在人们喜用猪形器物来储蓄零散钱财,寓意拥有财富。

图 2-90　亥猪剪纸

在中国文化中,猪还有读书应试祈好运的寓意和象征,这与猪的天象地位有关系。上文所述,猪是奎宿,早在东汉时已有奎宿主文之说。同时,猪也是北斗星,而北斗中的第一颗星被尊为"魁",魁星是主宰世间功名禄位之神,所以,古代文人拜魁星已经形成一种风气。过去很多地方都建有"魁星楼"或"魁星阁"。每逢七月七,魁星生日,读书人都会郑重地祭拜。从此,猪代表主文的"奎"和中试的"魁",进入民俗当中,借猪说"题"。据传自唐代始,殿试及第的进士们相约,今后有人任了将相,就要请同科的书法家用"朱书"题名于雁塔。"雁塔题名"的年画中,就画有一头显露四蹄的猪。"猪"与"朱"同音,"蹄"与"题"音谐,所以猪成了青年学子金榜题名的吉祥物。每当有人赶考,亲友们都赠送红烧猪蹄,预祝赶考人"朱笔题名"。这其实是对猪的文化符号的运用。

2.12.4 亥猪的图形设计

猪的图形,常被设计成如宝物、宠物一样,有披花的猪,系绶带的猪,剪纸的猪,工艺的猪,童话的猪,拟人的猪等,都是很具喜感和美感的(图 2-91、2-92、2-93)。1983 癸亥年猪邮票的图案由韩美林创作,是一只颜色鲜艳、活泼俏皮的小猪(图 2-94)。画家用夸张的手法把小猪画成大头小身,圆圆胖胖,小猪的身上绘制的红桃绿叶非常醒目,这一形象既有传统剪纸和皮影的风格,又借红桃寓意人寿年丰。1995 乙亥年生肖猪邮票中,一枚的底色为白色,将小猪拱肩、探首、耸鼻、翘嘴等拱门的关键姿态刻画得栩栩如生,呼之欲出,寓意肥猪拱门(图2-95)。第二枚图案是写首勾以白边的黑色隶书"猪"字的窗纸,窗格呈橘红色,洋溢着欢快与祥和。下面双猪图的窗花格外醒目,寓意着猪年农家乐、畜业兴旺。

图 2-91　亥猪年画

图 2-92　剪纸"肥猪旺春"

图 2-93　猪的图形设计

第 2 章　生肖符号的文化解读

图 2-94　癸亥年生肖猪邮票

图 2-95　乙亥年生肖猪邮票

丁亥年生肖猪邮票的猪有种温情的感觉(图 2-96)。被中国人视为丰收和喜庆象征的猪,被设计成形态可爱、敦厚老实的形象。通过模拟木偶漆器玩具的立体感,表现出猪的憨态可掬。猪妈妈头戴蓝印花布头巾,身披印有蝙蝠、如意、古钱币等图案的披肩,正在为三只小猪仔喂奶,另外两只已经吃饱的猪宝宝,一只趴

图 2-96　丁亥年生肖猪邮票

在妈妈的背上,另一只调皮地拉妈妈的尾巴嬉戏,整个画面充满了温情与和谐。图案中的六只猪的形象,既可寓意六"猪"兴旺,也可表达"五福临门"和"五子登科"的吉祥喜庆之意。在大红色基调的热烈红火气氛中,体现了中国特色的大俗大雅、生机勃勃。

第3章 从生肖文化到生肖应用

3.1 从生肖看古代工艺装饰思想

十二生肖是我国民俗中的重要形象。自秦简《日书》背面的《盗者》，始有"生肖"之说。

民间生肖文化的源头可追溯至原始社会的图腾崇拜。民族学家刘尧汉是彝族人，他认为十二兽历法起源于原始图腾。驱傩风俗里有模仿动物的十二相舞，偏偏选中十二兽，可以说是与生肖有着某种渊源关系。在敦煌文物——唐代的《进夜胡词》中写到驱傩舞蹈时说："更有十二属，亦为解凶吉。"十二属即十二生肖，这则民俗材料正可说明生肖与图腾的关系。

在先秦时代，十二地支与十二生肖的配属初步形成。《诗经·小雅》中《吉日》诗云："吉日庚午，既差我马。"将庚午日与马联系起来，视为跃马出猎的吉祥日子。《吕氏春秋》中《达郁》谈及十二生肖中的马和鼠："郁者，不阳也。周鼎著鼠，令马履之，为其不阳也。不阳者，亡国之俗也。"鼎纹铸鼠代表阴，铸马代表阳，正应了《论衡》"子亦水也，其禽鼠也；午亦阳也，其禽马也"，反映了先秦时代人们对生肖的补充和完善。

王充《论衡》记载了十一个生肖的名称。《论衡·物势篇》云："寅，木也，其禽，虎也。戌，土也，其禽，犬也。"又云："午，马也。子，鼠也。酉，鸡也。卯，兔也。亥，豕也。未，羊也。丑，牛也。巳，蛇也。申，猴也。"共提出十一个生肖名。加上东汉赵晔《吴越春秋》中"吴在辰，其位龙"，今天的十二生肖便齐全了。

从"生肖"中可以看到与古代工艺装饰有关的思想形态，它包含了天、地、人之道。古代有三才之说，三才者，天、地、人。古人认为，三才是万物之初始，是了解宇宙起源的关键所在。依于"尊天重时"观念的装饰艺术是古代艺术史上的一个普遍现象，可以说，生肖的序列与对应关系都是从古代工艺装饰的思想中衍生而来的。

3.1.1 对应天时的生肖装饰

生肖联系着地支。先秦时代天文学渐为发达，在古人对宇宙自然的普遍认识中，已孕育了"天干地支"的雏形，而这一观念同样是生肖文化所扎根的重要土壤之一。十二生肖不是闭门造车的产物，而是先民们将动物崇拜与原始天文学融汇一体的结果。

1929年郭沫若作《释天干》(后收入《郭沫若全集》考古编第一卷)，涉及二十八星宿、黄道十二宫，兼及十二生肖，运用殷商甲骨卜辞提供的材料，其认为十二地支从观察天象而来，是颇有见地的观点。天文学史研究者郑文光借鉴了《释干支》的思路，也认为"十二支是从观察星象诞生的"。长沙马王堆一号、三号汉墓出土了两幅T形彩绘帛画，两幅帛画均分天上、人间、冥间三部分。帛画上蔚为壮观的动物阵容有腾龙、玉兔、蛇、马等，它既是青铜礼器动物纹饰的发展，也饱含着古人对时空的遐想，将动物和日、月、神、人聚于一幅。

古人敬天、奉天、法天，为应天时的工艺装饰观念，与"生肖"干支纪岁月的性质同源。干支是最古老的纪日方法，它充当时间单位的标记。干支纪年为农业所依、农时所循，关乎岁序更迭、天体运行的规律，是古人对于年月岁时的认识。十天干与十二地支相配合，有了六十甲子。地支也单独用于纪时，一天的十二时辰(每个时辰为两小时)用地支命名，如子夜、正午、卯时、亥时等。此外，地支还与十二种动物发生单线联系。有学者发现，十二地支的古文字中隐含着一些动物的信息，例如东汉许慎的《说文解字》释"巳"为蛇的象形，"亥"为豕的象形。可见，十二生肖是古人通过观察自然规律而选择出来的，用来标示人的出生年份。例如，南北朝时期《北史·宇文护传》记："昔在武川镇生汝兄弟，大者属鼠，此者属兔，汝身属蛇。"

生肖不仅纪年，也曾被用于纪月。古人认为，太阳与月亮沿"黄道"(古人认为太阳在空中运行所形成的圆形轨迹)运行一圈，每年刚好会合十二次。为了便于确定位置，古人把黄道划分成了十二等份，并以之为据，区分出"黄道吉日"和"黑道凶日"。但奇特的是，不以鼠打头，而是从虎开始，以鼠收尾。正月建寅，寅是岁首，所以辞旧迎新春时，人们爱说"斗柄回寅天下春"。这样来看，俗语"猴年马月"其实曾经存在过，只是生肖纪月并没有沿用下来。

"生肖"有天文学的背景。以"冕服十二章"的工艺装饰为例，其天文学史上的意义与纹样的政治意义难分伯仲。古代天子之服绘绣十二种图像：日、月、星辰、山、龙、华虫、宗彝、藻、火、粉米、黼、黻。有些图像诞生于对星象的联想，如日、月、星辰、黻等；有些虽是生肖里的动物，却也隐含着天文历法的信息，如龙、华虫(鸡)、宗彝(虎和猴)。"冕服十二章"纹样的装饰动机不单纯具有审美的意义，还在很大程度上反映了古人对于宇宙的宏观把握和抽象思维。

圆明园里的十二生肖像，实际上是报时辰的水钟。主持设计的是意大利人郎世宁和法国人蒋友仁。十二生肖像原是在圆明园海晏堂前的扇形水池喷水台南北两岸。南岸分别为子鼠、寅虎、辰龙、午马、申猴、戌狗；北岸则分别为丑牛、卯兔、巳蛇、未羊、酉鸡、亥猪。这些雕像皆兽首人身，身躯为石雕，头部则为铜雕，身穿袍服，兽首上的褶皱和绒毛等细微之处都清晰逼真。每一时辰，都有代表这个时辰的生肖像从口中喷水；正午时分，十二生肖像口中同时喷水。牛像喷水，表示时到丑时；猴像喷水，表示时到申时。设计者充分考虑到中国的民俗文化，这一组报时用器如钟表盘上的刻度，也是从古代昼夜十二时辰的角度解说地支和肖兽的配属关系，同时还反映出古代工艺装饰中"尊天重时"的思想观念。

"生肖"的纪时观念是在农耕文明的基础上形成的，古人观天文、制历法，"十二生肖"是个大发明。斗转星移、循环渐进，是"天行健"的大自然规律使然。生肖的影响力，远超出天干地支的范畴，成为生生不息的生命力的象征。

3.1.2 标志方位的"生肖"装饰

古人既用"生肖"来表示时间，也用来表示天地方位。天文学上，子午线采用了十二支的子，表示正北；午，表示正南，是纵贯南北的经线。这条"方向线"，带着生肖文化的烙印。

河南濮阳西水坡出土的仰韶文化时期的蚌壳摆塑龙，被称为"中华第一龙"。蚌龙与虎、墓主人的组合和各自的方位，具有图画之外的意义。这是一幅壮观的天文星图的组成部分——不仅有青龙、白虎，还有北斗。"中华第一龙"带来的惊喜是属于天文学的：这条龙为中国天文星宿四象提供了史料证明。湖北随州出土的战国漆箱上也绘有青龙白虎二十八星宿的图案，它们与生肖都有着丝缕缠绵的关系。

标志方位的生肖大致来源于中国天文星宿四象之说。古人为了标定日月五星等天象的位置，尝试将天空恒星群分割成块，建立一个坐标系。蚌塑龙和战国漆箱的装饰思想反映出先民努力以四象、二十八星宿分割空间的古代宇宙模式。在中国古代天文学的星图中，存在一个框架体系——四象配二十八星宿，它的"枢纽构件"是北斗。北斗据天宇北极附近，除了有方向定位的作用，古人还把它作为重要的授时星辰。《鹖冠子》所言："斗柄指东，天下皆春；斗柄指南，天下皆夏；斗柄指西，天下皆秋；斗柄指北，天下皆冬。"这就是四季。古人发现，七星若勺，斗柄的指向，一年绕天一周。斗柄像一个匀速转动的指针，十二地支动物为静止的方位刻度。

"四象"作为方位，早在先秦的《礼记·曲礼》中已有记载："行，前朱鸟而后玄武，左青龙而右白虎。"汉代张衡曾在《灵宪》里描绘过四象，"苍龙连蜷于左，白虎猛踞于右，朱雀奋翼于前，灵龟圈首于后"。四象各据一方，是古代观天文、定季节的重要星辰。术数家将"四象"运用到地形上，以"四象"的形象及动作譬喻地形，又附会吉凶祸福。四象之说在汉代得到广泛流传，瓦当、画像石、铜镜上都留有它们的形象。汉代四象瓦当不仅被视作与避邪求福有关，还表示方位。

所谓太极生两仪，两仪生四象，四象生八卦，从而四象也与中国的五行、二十八宿产生了关联。二十八星宿分别由青龙、白虎、朱雀、玄武四神掌管。二十八星宿中，青龙七宿的心宿特别受关注，那颗星古人称为火，这颗火星后来演变为戏龙之珠，表现这一内容的龙戏珠图案，成为著名的传统纹饰。例如北京北海的琉璃九龙壁，云水山石之间四龙各逐火焰宝珠，具有古代天文坐标的内涵。

古人通过八卦、五行、星象、生肖以及四神把天、地、人联系起来，形成了一整套天人合一的研究模型系统，这套模型系统用于人、房屋、战事、自然预测等。它包含了天、地、人等自然的因素，意图说明天、地、人之间的生克扶化关系。

湖南湘阴出土了一套唐代生肖陶俑，均为兽首人身造型，身着宽袖袍的十二件生肖俑，分别置放在墓壁四周的小型壁龛中，是用来表示方位的，类似的生肖定方位在其他墓中也反复出现。笔者在山东青州博物馆考察了明代生肖陶俑，也曾以方位划分。陶俑最高者约20厘米高，均为动物造型，独缺午马，传闻说墓主人属马，故少之。在山西太原北齐娄睿墓里，还出现了大量画有十二生肖动物图案的精彩壁画，负责这组壁画临摹的龚森浩在《美术耕耘》1985年第1期上撰文提及："中层画四神、十二辰动物和雷公、羽人等，环列天象图下缘一周。十二辰动物按子午方位顺序排列，动物奔走大都作顺时针方向，有'随天左旋'的运动感。"这座北齐古墓中的生肖图案，是天象图的一部分。可以说，至少在丧葬之礼中，生肖应视为艺术化的天象方位坐标。

3.1.3 趋吉避邪的生肖装饰

十二生肖是一个独特的序数系统,它不仅表示圆满,而且绵延不绝、生生不已的延续性更是突出,这一观念所具有的无穷生命力在后来的文化历史中进一步得到验证。其周而复始、彰显永远的含义直接衍生出"祝吉避邪"的装饰观念,表示享不完的福分、纳不完的吉祥,没有尽头。"生肖"不再囿于天文历法范畴,也走入了民俗生活之中。

强大的神性观念在生肖文化中清晰可见。古代术数家占验时日、推演吉凶时借助了生肖地支的理论依据。占验工具——栻,由圆形天盘与正方形地盘构成。地盘自内向外有三层排列,第一圈天干,第二圈地支,第三圈二十八星宿。这种结构反映了古代宇宙模式指导下的神性观念,工艺装饰方面也染上了神性的色彩,用以厌胜驱邪。

以古代铜镜、铜钱为例。隋唐两代是铸造生肖铜镜的高峰期,相关文物很多,长沙出土的唐代十二生肖镜,被视为道教避邪的法器,铸纹"十二辰位而具畜焉",在镜背以十二生肖的动物形式围成一圈。英国学者李约瑟的《中国科学技术史》第四卷《天学》记载唐代铜镜,十二生肖形象列于铜镜,取义即在"宪天之则,法地之宁",认为铜镜与"百物无以逃其状,万物不能遁其形"的神力有关。美国汉学家爱伯哈德《中国符号词典》也介绍了铸有十二生肖纹饰的唐代铜镜。此外,还有生肖图案的古代钱币。生肖币为古代厌胜钱,它本义是"压邪驱灾",如天师驱鬼钱,一面为十二支字及生肖,一面为天师驱鬼图,并有"张天师"字样。另外还有"喜庆祈福"的延伸用途,以"长命富贵""福德长寿""加官进禄"等为内容,称之为祝寿祈福钱。

《纪效新书》是戚继光在兵书著述方面的代表作,卷十六《旌旗金鼓图说篇》,图绘"六丁六甲旗十二面",十二种神将披坚执锐,十二生肖各占一。六丁六甲神是生肖人格化的形式,能呼风唤雨、降妖驱邪,有借助神力以图克敌制胜的意思。

以生肖信仰为框架,人们创造出一组组寄托人生美好愿望的民俗装饰题材作品。河北武强清代年画《连生贵子》,画面上十二属相与孩童同处一画,源于中国人以齐全为圆满,十二属相齐备,以祈多儿多女,表达了古人"周而复始"的生命观念。中国四大民间年画——天津杨柳青、山东杨家埠、苏州桃花坞、四川绵竹,均以生肖作为绘画题材。清代杨柳青年画有一组四扇屏,为十二幅仕女孩童观赏动物图,画中动物为十二生肖。山东杨家埠也有孩童抱动物的生肖年画。剪纸同年画一样,也是百姓日常生活里常见的艺术形式,吉祥喜庆的十二生肖自然也经常出现在剪纸图样中。

剪纸与年画中的生肖,无论是单个、成对入图,还是全体亮相,都代表着团圆和美、生生不息的纳福迎祥意义。

"子鼠"代表生生不息、福祉不止,代表多子多福的祈望,成为吉祥之神。"瓜果瑞鼠图"、"葡萄松鼠图",都是传统民俗图案。瓜与葡萄多子,鼠即子,多子多福,讨的就是一个口彩。

"丑牛"辟地,几千年农耕经济对于牛有着理想化的推崇。耕开春土、牵来金秋的牛,雅号"黄毛菩萨"。流传更广的是牛郎织女的传说,牵牛星与织女星将男耕女织、丰衣足食这一社会理想"写"上了星空。

"寅虎",在古代有画虎辟邪的功能,门上的镇宅神虎代表着驱除邪恶的威慑力。同时画虎也能迎祥:在福建,方言"虎"与"福"音近,年画《五福图》画的是五虎;安徽民间剪纸有《虎吃五毒》;沂蒙山区妇女们缝布老虎送新生子,虎的形象的民俗学含蕴就是驱邪与祈福。

"卯兔"与月亮崇拜有关,"玉兔捣药"寓意"长寿吉祥"。古人对天体神话的奇特想象是"日中金鸡,月中玉兔",卯兔方位正东,却是月亮里的灵物,这恰好体现"阴阳交感之义,故曰酉卯为日月之私门"。

"辰龙"是多种动物构件的拼接体,由不同的图腾糅合而成。古代民间的龙崇拜,更是与龙治水有关。辰龙的民俗文化底蕴是行云布雨,为此,"赛龙舟""舞龙灯"等都是为祈祷平安丰收。

"巳蛇"称小龙,巳是蛇的象形字,"闽"、川地的"巴""蜀",都流传着蛇的传说。以阴阳之说来归类,蛇属阴,十二生肖辰阳而巳阴。这种阴阳定位,派生出《白蛇传》里的美女蛇神话。

"午马"与龙是传说中的一对双璧。佛教中有"白马驮经"的佳话,"龙马河图"是关于中华文化发轫开端的神话。相传伏羲之时,黄河出现龙头马身的神兽,伏羲按照河图上的自然数创造了八卦。"龙马精神""马到成功"是因循了马的"忠""义"精神。

"未羊"寓意三阳开泰,阳、羊同音,成为岁首的吉语。在古代,"羊"与"祥"通假。由于羊的仁(羊羔有角,却并不抵触)、义(羊被捉却并不哀叫)、礼(羊羔吃奶总是跪着接受哺乳),所以汉语中以"羊"为"祥"。古代神话有独角神羊,叫獬豸,寄托司法公正,反映了古人对羊多方面的认知。

"申猴"在民俗吉语中,有"金猴献寿""马上封侯"等符号意义。画一幅猴骑马,取意"马上封侯",猴子背猴,叫"辈辈封侯",猴子成为祝福吉祥的符号。北京白云观有三处刻猴,据说逐一摸过,会得福佑顺遂。

"酉鸡"在古代被称为德禽,鸡有五德:文、武、勇、仁、信。鸡冠让人想到文冠(古时官帽),冠、官谐音,为旧时的吉祥。古今斗鸡的风俗,将武与勇并用。鸡报时有信誉,还有"闻鸡起舞"的佳话。在传统民俗中,鸡还被当作避邪符号。酉谐音"有",鸡谐音"吉",民间美术以鸡作为吉祥画样的主角。鸡与荔枝合绘于一图,题曰"吉利万千"。

"戌狗"在古人想象中是司风之神,戌的方位为西而偏北,基本与我国大陆冬季寒流的方向一致,寒冬西北风,大体合于戌的方位。"射天狗"是关于生育习俗的传说,隐约与月食日食有些关系。"天狗食月"寓意怀孕生产。

"亥猪"在农业部落里最能象征财富。古人不仅将北斗想象成猪,还把二十八星宿北方七宿之一的奎宿想象成猪。奎星与魁星,两者之间有一连线:猪。古人认为北斗星是猪,奎星也是猪,为了读书应试祈好运,在礼奉魁星的同时,古人借猪说"题"。

很多人认为生肖是汉民族独有的文化,其实不然。中国的少数民族也拥有自己的生肖文化,而且历史也很悠久。各民族的十二生肖,从次序和名目上看,大同小异,应是同源的;但在使用方法上却千差万别。同时,生肖也普遍见于国外习俗中。与中国并称"四大文明古国"的古巴比伦、古埃及、古印度,都曾使用十二生肖。巴比伦有黄道十二宫,印度有酷似于中国的十二肖兽,但他们都未创造出"十二地支"这样的序数系统,同十二种动物结伴行世,相得益彰。中国儒家文化圈影响下的亚洲诸国,如日本、朝鲜、韩国、柬埔寨、泰国、越南等也有生肖文化,且与中国的相似度极高。甚至远在美洲的墨西哥,也有生肖观念。可以看出,生肖是一种全球性的文化。

生肖文化意蕴丰富,古人既用它来表示无限的时间,十二时、十二月、十二年;还用它来标示方位,空间无垠,天之圆,由它分割周天。这样的民俗心理影响了艺术创作,历代能工巧匠为我们留下了许多形制精美的生肖工艺珍品。生肖图案区别于动物图案的重要一条在于集体亮相,十二属相大团圆,缺一不可。它积淀着丰富的传统民俗信息,研究者将其称为"活文物"。春节年俗里,生肖都是吉祥物,延续着中国传统历法纪年,这一古老的文化传承,具有与时俱进的生命力。研究它的工艺装饰思想,意义正在于此。

3.2 现代服饰的民间艺术情结

3.2.1 民间艺术的别开生面

当科技发展到今天,曾经追求改造自然、征服自然的人类开始收敛这种不计后果的狂妄,或神秘或亲切的原生态元素被用于时装界,传递人们对多元文化以及与自然和谐相处的期待,人们发觉,服装是属于自然的,也要回归自然。

用现代的材质和技术达到返璞归真的目的,使时装材质从高山中来,也能重溶大地,这是新时代设计师理应拥有的人文关怀。当然,自然界的动植物带给时尚界的影响更是毋庸置疑的,比方说,海洋生物身上的肌理纹样就可以成为设计师们的灵感来源。

时尚界敏感先行,引领了原生态风潮,竭力满足群众对于"牧歌"的向往。清新纯粹的质朴感配合现代风格的先锋前卫,自然主义以朴实又变化无穷的姿态注入时尚生活中。原生态本生发于自然生态领域,指一切顺应自然条件生存下来的东西。它是没有经过雕琢的,存在于民间的、原始的、散发着乡土气息的、自然清新的。由于原生态自身的环保特质,这个词的应用范围迅速扩大,不仅有原生态舞蹈、原生态唱法、原生态民居、原生态食品、原生态旅游、原生态农业等等,而更彰显时代特征的,是它对时尚圈的影响。西方时尚界在"波西米亚"风上演多年后,也将目光转向了古老神秘的中国少数民族——除了常见的立领、侧衩、盘纽、滚边之外,还有纹样、配色,特别是风格理念等很多民族风元素可以利用,粗麻布、蜡染工艺、银子饰品、刺绣等频频出现在国际T形台上,引领着让我们感觉既熟悉又新鲜的时尚潮流。

3.2.2 从湘西苗绣到现代时尚

我国历史悠久,民族众多,服饰文化资源博大精深,新颖的设计元素取之不尽,其中湘西苗族妇女服饰因具有强烈的原生态民族风格而成为许多设计大师创意灵感的资源。

湘西苗族生活在湖南西部,具体指凤凰、吉首(原乾州)、花垣(原永绥)三地苗人,与土家族、汉族杂居。据记载,明清时期,湘西及毗邻地区的苗族受汉文化影响较深,有的女子改服易发,不再穿着对襟衣和裙,而穿长长的无领大满襟上衣和肥大的宽口裤。今天,一些边远的湘西苗寨(以阿拉营一带为主)仍然保留着这种古老的衣式,仿佛清末中原地区农家妇女的打扮一样(图3-1)。

图 3-1　草岗苗寨老婆婆打辫子和吉信县苗族妇女墟场赶集

湘西苗女从六七岁就开始学习纹绣，用慧心和巧手做成衣裳，除了银饰和蜡染依靠大力气的男子外，其余如织花、打辫、剪纸、挑花、刺绣等工艺，都是苗族姑娘必会的本领，甚至是衡量女子聪慧与愚钝的标准。这些技术不只用在盛装上，也用在平时的服饰上。

织花带是一种很普遍的手工艺。织机十分简单，由两块木板撑成三角形的架子，像个大马扎，几乎家家户户都有。织花时在两个斜边的上缘缠紧需要挑织的三四十根线，多以棉纱线为经，彩色丝线作纬。苗族姑娘一手拿着木刀梳理纱线，将线打紧，一手用光滑的牛角操作花带图形，按图形所需填入各色丝线。这个动作仿佛琴女在调弦，古朴优雅，非常耐看。织好的花带约三四公分宽，表面有各种图案，两端垂着彩色绦须。平日里苗女穿的围裙都用花带系扎。男女相爱时，女子会拿一条自己最满意的花带寄托情意，把它系在男子贴身的衣服上，并有意露出花带的绦须，让人们看到。花带图案紧致，并富有立体感，使得内容越看越丰富。人们一般先看到对称的鸟兽主花纹样，再注意到两边的植物二方连续或"万"字、"米"字、"寿"字的几何装饰，继而看到隐藏在织路里的回状暗纹。主要形象在当中的突出部位，陪衬形象向两边层层展开，充满了一种大胆、生动的力量，显然是将情感与愿望含蓄地传达在这尺寸之间。

还有一种比花带窄一半儿的辫绣，俗称"打辫子"，也被普遍使用。置一个专用的高背木凳子，凳面用石头制作，防止凳子倒地。从凳背拴上需要辫的八至十四根线，通常三个色，色彩岔开了排列。每根线底端拴着缠线的木轴，木轴下还缀有铜钱，既可拉紧线，又能祈求财富。操作时双手交替更换木轴，手法与女孩编辫子相同，木轴来回摆动，丝线穿插跃动，形成自然有趣的情景。传统的辫绣制作很讲究，一条辫绣上通常摆放三根辫子，分别代表长江、黄河、五岭山脉，记述了苗民漫长悲壮的迁徙史。历经灾难而又顽强不屈的苗人依靠这辫绣来维持民族的历史记忆，教导后人不忘故里。苗女所穿的服装，从衣襟、衣袖、衣背、衣边，直到围裙、腰带、裤边、鞋缘，无不镶嵌辫绣。她们用自己的智慧和技巧，把本民族对生活的希冀，巧妙地诠释在苗家服饰这部"无字史诗"中。

在苗寨，逢墟场赶集时，随处可见围摊选购剪纸花的人们，这些剪纸样子便是湘西农村绣花的底稿。明清时期受绘画风的影响，苗女制作的绣片追求逼真，需要一定的描绘功底，剪纸逐渐成为绣花用的胚纸。做剪纸时，用细针在纸面上扎许多孔，形成线路，然后用小剪子铰出中间部分，有的是把纸固定在木板上，再用小锉刀钻刻而成，方便快速。将剪纸花贴在衣片上，比照花样，配上丰富多彩的丝线，使用各种不同的技法，来装点苗女的衣裳。

湘西刺绣有代表性的是挑花和绣花两类。用具也很简单，大型图案需要木架，小面积纹样用圆环状的花绷子，也有徒手操作的。挑花就是"十字绣"，主要是根据土布的纹路用绣针在经纬线上作交叉组合成十字针迹，再由无数个十字构成各式各样的花纹或图案。还有一种回复针法，是按图案形状，每隔四线挑一针，回针到原针脚再挑一次。方向与原先的相反，回线刚好覆盖住留白空间。花纹紧密，正反两面，都现出同样花纹。所以做盛装的手帕、假袖时多用这种两面花。挑花的布底或黑或白，图案组织活泼、生动，纹样大致有五类：团花、边花、角花、折枝花和填心花。传统的苗家女服多以自绣花边为主，近现代以来因手绣费时费力，故多购买便宜的机绣花片缝在衣身上。但在坊间，仍不时见到古董店搜罗来的近百年的老花衣。从残损破旧的绣片图案中，还可以辨认出熟悉的风俗刺绣"迎亲图"，寓意爱情的"凤穿牡丹""喜鹊闹春""白鹤踩莲"，植物中象征多子的石榴、长寿的桃子，动物中流传下来的"狮子滚球"和"麒麟送子"。这些花样虽然由苗家姑娘独立完成，却和千百年间汉文化中服饰的主题图案一脉相通。可见它不是偶然巧合，实际反映出各民族间的文化交融。

苗家绣花和挑花相比，主题似乎大同小异，形式变化却异常丰富，技术也更加复杂。受到湘绣的影响，绣法更是多种多样，无论平绣、结绣、打子绣、剪绒绣等等,都巧妙地将传统的工笔画、书法与刺绣融为一体。其中,光亮秀丽的平绣和颗粒饱满的打子绣使用最广。在妇女围裙、衣袖、裤脚、鞋帮、肚兜和荷包褡裢,用剪花在布底起样,再去做很多绣花肌理,富有装饰性。苗族民间刺绣工艺以山歌的方式唱出来,流传湘西各地的《刺绣歌》把枝叶如何包花、针脚怎样并列、主花鸟鱼怎么镶针、怎样构图处理才饱满的方法告诉苗家女子。可见,刺绣传统图案之所以近乎完美,不是个人短期做出来的,而是在漫长的时间里经过无数次改良才得以流传下来,它是祖祖辈辈智慧的结晶,是极丰富的宝藏。

远古的楚巫文化在湘西一带保存完好,这里的苗族相信万物有灵,崇拜自然。苗族的服饰图案中闪耀着神秘、浪漫的图腾崇拜。人们幻想着与某种动物、植物有着共通的亲属关系,夸张地创造出一些组合物,如人鱼、人鸟等图案,就像吉祥物一样。苗家妇女把对自然和人的认识,把美好的追求和向往都交织进去,将图案文在身上或绣在衣服上以期保佑。蝴蝶在苗族人的心目中代表善良的母亲,苗人敬重蝴蝶,把它绣在衣服最显眼的位置。龙的图案应用也很广,据说是鸟图腾崇拜的延续。

湘西的蓝印花布历史悠久,制作技法有印染、扎染、蜡染等多种,它们各自具有不同工艺的特殊效果。印染主要用蓝靛和锈水,蓝靛由靛草提取,家家种植靛草,待靛草浸泡、发酵后,倒入石灰水,使其氧化成靛蓝,倒掉清水,凉放后得到膏状蓝靛。然后加碱和酒,与靛水发生氧化反应,水色变蓝紫色,兑成染液。印染过程中,需要经过反复多次的浸泡、清洗、捶打、蒸煮,再加上刻花版、涂浆上料、刮浆晾版等程序。湘西苗女的头帕都用土染的蓝靛布,凤凰县的苗族妇女多用条纹帕,花垣一代的苗族妇女喜用素的青帕,吉首一带常在头帕布上蜡染四对蝴蝶。像平面构成,但比平面构成丰富多了,疏密、虚实、点线巧妙结合,简洁明朗,朴实大方。印染图案有的具象,令你联想到一个情节,一个故事;有的则抽象,让你看到各种分割和构图,它一样有内容,只不过不是具体的东西,这就是智慧。

在当今时尚界中,湘西苗族的原生态民族风席卷而来,吹入人心。

日本设计师三宅一生吸取了苗族服饰的原生态元素,他钟情于采用纯棉面料、以鸡蛋清浆过、带有闪亮效果的苗族百褶裙,将其应用在他著名的皱褶系列服饰"Pleats Please"中(图3-2)。Marc Jacobs 的东方民族情结似乎越演越烈,他设计的连衣裙上布满了细腻的黑色蕾丝,而蕾丝表面下却透着民族扎染的蓝紫色过渡"土布",高领、半袖,摆边缘的荷叶边被处理成苗族蜡染百褶裙的样式,使高领而包裹严实的连衣裙更加生动活泼起来。Louis Vuitton 的"80 年代"

风格服装中也用丝绸、印花、暗纹、刺绣等惊艳了我们,鲜橙色的底色使有着黑色边缘的彩色植物图案更加鲜明醒目,也是由于所有用色的纯度都很高,面积类似,致使亮色也不会脱离整体。相反的,当优雅的纯黑遇到高调的艳色,当层次丰富的蕾丝遇到高感光度的绸缎,对比的强烈可想而知;如同装饰画一样大胆的用色,夸张的建筑化肩部造型,都带给我们视觉上最大的震撼。

图 3-2　三宅一生的皱褶系列服饰 "Pleats Please"

迪奥的前首席设计师——"顽童"John Galliano 原本就擅长搜集世界各地的"少数派"民族元素,他总能游刃有余地将西方和东方、传统和现代的文化融合在自己的设计中,避免设计的大同小异,为 T 台源源不断地注入新的生命力与关注焦点。在他搜遍中东、北非、俄罗斯、东欧、美洲等地少数民族服饰之后,Galliano 称中国是他"永不枯竭"的灵感来源。苗族的百鸟衣被他应用在绣花包的装饰上,苗族罩着面纱、缀以银饰的宽边帽也被他大胆"拿来"(图 3-3)。FolliFollie 的箱包上,绽放的花朵,寓意丰收的鱼,还有传递幸运的中国圆形古钱币图案,采用传统的手工工艺,这个 Collector's Grey 系列可谓是古色古香,古朴亲切,实在很有凤凰城里苗族手链的味道。

图 3-3　左图是苗族服饰，中图和右图是 John Galliano 从苗族服饰得到灵感而设计的 Dior 1998 秋冬高级定制秀

3.2.3　时装设计师的民俗情结

因地域不同而产生的具有强烈地域特色的中国原生态民族服饰为时装设计界带来无穷的灵感（图 3-4）。

图 3-4　左图是 Alexander McQueen 设计的银头饰，右图是苗族女孩的银花帽

早在 17 世纪，西方设计师们就尝试从东方的花朵、竹子、孔雀等形象中寻找灵感，甚至因此创造出"Chinoiserie"这个单词，用来形容当时流行的艺术风格，具有中国特色的原生态元素令西方新奇而赞叹不已。之后充满创造天赋的时装设计大师伊夫·圣·洛朗在 1978 年推出"中国风"系列，他的灵感来源于中国清代满族官服中的凉帽与马褂（图3-5）。款式上借鉴了对襟马褂式，上装采用织金绣，在暗背景上强调金色和紫色线条，并结合清代马褂"袖口掩肘"的特点设计了又宽又短的袖子，与上衣宽松、下装紧窄形成谐调而又有机的对比，产生了不凡的视觉效果。

图 3-5　伊夫·圣·洛朗 1978 年推出"中国风"系列

2006 年，Dolce &Gabbana 春夏时装秀上，为了庆祝该品牌成立 20 年，模特们清一色地穿着中国红——红色的羽毛头饰、红色的花卉装饰、红色的绸缎绑带高跟鞋，Domenico Dolce 和 Stefano Gabbana 这对黄金搭档也希望借中国红给自己的第二个 20 年讨个喜气。热情的中国红、富贵的中国金，加上少数民族风格的首饰的堆砌以及叮当作响的徽章的点缀，使这次纪念秀场上弥漫着浓烈的东方原始味道，中国情结洋溢在那片如同古画一般的中国红上。

Just Cavalli 在今季将亮片和铆钉用到了极致，颗颗闪亮的铆钉变得圆润，排列得如同秦汉时期的乳钉纹，又因为周身大面积应用，难免使人联想到清朝男子的旗装战袍,这一原属朋克味道的元素使神秘妖媚的连衣裙有了致命的性感和硬朗之气。

Blumarine 将多彩赋予兽纹,极力地宣扬着原始野性美的巨大张力。Diane Von Furstenberg 则将兽纹的密度进行缩放变化或者改变斑纹的走向,重新拼贴组合,加上兽纹的用料比较单纯,服装秀场时尚感十足,却又弥漫着原始部落的原生态装扮的味道。

Stella McCartney 以东方的花卉刺绣为图案,蕾丝花朵或浓或淡地被精心布置在单色裙身上,显得格外素雅安静。同样是精致的东方刺绣,MAX AZRIA 在繁花似锦的刺绣图案之中点缀上彩色的珍珠,显得华贵纷繁,又有少数民族般的极强的装饰感,而其余的部分同样只留底料原色不做任何点染,繁简相宜。

Jason wu 是备受瞩目的年轻华裔设计师,他把中国民族红用得得心应手,在他的小礼服设计中,出现了不少中国南方少数民族传统的交错菱形的刺绣图案,而提高的腰线又使胸前的美丽图案更为精致秀气,和兜肚有些神似,下摆的纯红搭配以墨黑,显得浓郁高雅,款式单纯却有声有色。2012 年 Jason Wu 更是将清宫的顶戴花翎、蟠龙刺绣搬上了 T 台,民族风不再是单一风格的存在,设计师更以个性手法打散重组,呈现非同一般的民族之美(图 3-6)。

图 3-6　2012 年 Jason Wu 将清宫的顶戴花翎、蟠龙刺绣搬上了 T 台

向来擅长以黑白色而给人留下深刻印象的 Chanel 也利用中国少数民族的图腾意趣来革新设计。Chanel 将单色牡丹作为花卉图案,那些迂回曲折的线条表现出的花朵形态虽然大不相同,但纯粹的中式刺绣和排列出来的效果又很有图腾的味道,加上简约的剪裁,使整体设计更具现代气息。

FENDI 从建筑中找到开拓点,设计师利用了中国南方少数民族古城的飞檐结构,设计了一款与其神似的尖角灯笼袖,与一般的灯笼袖有所不同,袖口虽紧,但肩膀处宽松,而且肩膀最顶点处呈尖角状。而腰带上,同样是以红蓝两色搭配,鲜艳的配色很有少数民族服饰的感觉。

除此之外,Kenzo 曾经在黑色天鹅绒的面料上绣上了醒目的民族图腾,搭配以西式的毛绒红色围巾,展现出一派热烈欢快的民族风情。kenzo 对于东方原生态元素的使用越来越不像以往那般西化,如工笔花卉的方巾搭配极有藏族气息的服饰吐露了他的东方秘密,高纯对比,线条明晰,明朗轻快(图 3-7)。"色彩魔术师"Marc Jacobs,更是在方巾设计上起用了在绘画界被称为"恶粉"的亮粉色搭配上"芥末绿",新鲜醒目,视觉感强烈。

图 3-7 2010 年 Kenzo 于伦敦 V&A 博物馆举行 40 周年庆典时装秀

John Galliano 使用织锦刺绣面料的手法更显夸张,他的模特穿着像满族龙袍一样的金黄色服装,显得恢弘大气。此外,他还在真皮服装上做花卉刺绣,东西结合,别有意趣。迪奥"回归 60 年代"的系列中,延续了以往的浓墨重彩,热烈的红色晚礼服的局部刺绣着纤细的金色花线,像一尾红鲤,很有中国画里写意的味道,在那些类似杰奎琳·肯尼迪风格的套装里同样嗅得出一丝东方的端倪:裙摆开衩处的镶边、上衣夹克的盘扣,都是由满族旗装发展而来的。不论高级时装上大量的刺绣和手工工艺装饰,还是宽摆大裙利用羽毛堆砌所强调的厚重感，总之带有民俗风格的图案装饰是不变的重点，在时尚配件方面，用草编织出的包袋、帽子、腕表等配件再现了中国江南地区自然朴素的生活；蝴蝶、牡丹、雏菊、绿叶组合成的画面，则令人想到中国纯美的自然风光；还有那些以各种玉石以及镶金边、手工添色技巧制作而出的饰品，仿佛就是依照中国旧时女子身上佩戴的饰品而复制的。

另一颠覆性天才 Alexander McQueen 在任职 GIVENCHY 期间的高级定制服曾采用中国的檀香扇制成披肩和裙子，此后他的作品都能见到中国风的影子，戏曲里的绒球盔头、过去宅门上的镇宅兽、剪纸窗花都是他撷取灵感的来源（图3-8）。如今的 GIVENCHY 一方面将暧昧的类似发展到梦幻的极致，蝉翼般的蕾丝在层层叠叠中诉说女性的性感，另一方面加入了许多高原游牧民族元素，原白色的流苏大面积铺满胸前，长长的随风摆动，浪子的自由感无与伦比，两者对比强烈。此外，Thierry Mugler Homme 的皮外套也格外引人注目。反复强调的肩部、直立的领子、白色的毛边，不禁让人想起《闯关东》里的人物，而服装品牌 Julius 的红色上衣，MARELLA 的驼色带白色毛边背心则带有浓郁的藏族服饰的意味。而 Peetchoo Krejeberg 用蓬松皮草成衣打造出爱斯基摩人的效果，显得标新立异。极有感染力的设计让人既惊骇又赞叹。ANTEPRIMA 的黑色暗压纹背心从浮雕的角度诠释了古老的东方艺术，像极了汉白玉柱子表面纹样的棉

图 3-8　Alexander McQueen 设计的中国民族风混搭时装

背心，在沟沟壑壑的纹路间埋藏着数不尽的东方秘密。

在服装界的设计师们发掘原生态东方元素的同时，首饰设计师也不甘落后，世界知名的珠宝品牌，例如 Cartier、Tiffany、Dior、宝格丽等均着力用特别推出的中国民族元素的作品代表对一种古老的东方文化的致意。Cartier 利用坚毅的黑玛瑙，以银色边缘塑成栀子花形，温软美丽。QEELIN FROM LANE CRAWFORD 以葫芦的优美轮廓设计的女士吊坠不仅新颖而且田园气息十足。Tiffany 吊饰集合了盘花、翠色、流苏等众多中国元素，以黑、银、绿为主色调，有着云贵地区少数民族的清雅秀美。

这些珠宝首饰在整体设计上仿古、仿生而又不失随意自然的风格，加之铸造、镶嵌、磨砂、褶皱、抛光等人机混合的工艺，形成中国特有的工艺特色。而珠宝的配件部分也利用红木、皮绳、流苏、编织链等民族元素体现着中国首饰的装饰性和艺术感，得体入时，相得益彰。在探寻原生态文明方面很有创见的路易威登的配饰设计非常有创意，他们把彩色小珠串在一起，制成手链或其他配饰。

"中国是个充满惊人魔力的地方，对于我们西方人来说，它具有一种神秘的吸引力"，说这句话的是 Giorgio Armani 先生（图 3-9）。中国剪纸般的印花是 Giorgio Armani 的一大特色，看似零碎，但又互相牵连，而模特戴的头饰与中国古代南方少数民族妇女戴的帽子也很是神似，Giorgio Armani 将古朴而平面的花饰做足了优雅迷人的味道。Armani 先生将中国的国花情结堆砌在精致的丝绸手袋上，而 Gucci 的白色手袋设计称得上是对民族剪纸艺术的致敬，当青花瓷泛滥，Gucci 让手袋变成了光洁的瓷器，而活灵活现的红色的腾龙一跃而上，中国龙，让世界都觉得吉祥。

图 3-9　Giorgio Armani 设计的中国风时装

随着越来越多的世界著名时装设计师争相发掘中国少数民族元素,我们不难发现服装设计越来越强调地域特色和人文气息。如今,我们把服装也归为艺术范畴,而服装作为人类社会文明重要的表现形式,同样也无法回避东方美的博大和神秘。当今的时装设计师跨越了用牡丹、水墨来笼统概括东方民族风格的局限,原汁原味的少数民族元素也被本土设计师更深层次地理解和应用,在国际时装展示台上扬眉吐气。

3.2.4 时尚"民俗风"为政要加分

APEC(亚太经合组织)会议每年一次,领导人只穿主办国的民族服装,展示主办国服装实力和宣扬主办国国威的"服装秀"总是吸引了无数人的视线。

其实,政治与时尚难有交集,长期处于最遥远的对立两端。政治家那种"无趣"的套装造型虽然塑造了兢兢业业的政要形象,却无法集中民众的注意力,因造型太过普通而显得稀松平常。事实证明,正确的时尚选择,能够为政要赢得极大的政治资本。时至今日,精明的政治家更加注重运用民族时尚元素,为其政治工作服务。

在我国的文化外交事务中,弘扬传统文化始终是不变方针。如何有效传播传统文化,在发展国际文化事业的同时保有中国特色,令博大精深的传统文化得以发扬和继承,也令世界更加了解中国,从而避免一些恶意的推断或揣度,这是我们国家形象传播的根本目的。因此,传统与当代并重是我国设计传播的主要方式。2014年3月,习近平主席与夫人应邀出席荷兰国宴(图3-10)。在这场欧洲王室最高规格礼遇的"白领结"盛宴上,习近平主席在领导人衣装史上写下了许多"第一":第一位在出访外交时穿改良中山装的领导人(虽然以往领导人出访也穿过中山装,但改良中山装这是第一次,窄直的小立领,借鉴西装的三口袋式);第一次使用西式胸巾的主席(与西方融合的细节设计,波点图案生动时尚);第一个将服装与文化紧密联系的新一代领导人(注重在门襟位置用刺绣传统祥云纹样传递中国的文化,也更加礼服化)。这种中国范的魅力和儒雅,让人眼前一亮,这些鲜明又亲切的中国传统符号,不仅仅是中国发展实力和国际影响力上升的表现,更重要的是,它避免了失礼,在中与西的礼仪邦交方面取得平衡(按照西方礼仪,在正式晚宴上嘉宾应穿燕尾服等高规格的晚礼服,但这些男士礼服的确与我国服饰习惯不适应,因为曾出现过我国领导人穿西服出席高规格晚宴时,造成了不必要的误会,并给西方媒体以攻击不敬的口实)。

图3-10 习近平主席与夫人应邀出席荷兰国宴

现如今,领导人夫人以什么服饰亮相,也早已成为大众瞩目的焦点话题。2013年,被称为"引领中国时尚政治先河"的彭丽媛首次出访亮相俄罗斯,她以藏蓝色修身大衣配淡蓝色丝巾,手拿黑色皮包,别致、简洁,让国人意识到中国也有了时尚的领导人夫人。与此同时,彭丽媛当仁不让地成为国产品牌最强大的推手。据媒体报道,她亮相莫斯科的第二日,就让本土服装品牌股票疯涨,网站因访问量增大而瘫痪(而英国首相卡梅隆访华期间赠送给彭丽媛一双Mulberry手套,随后成为中国网民频繁搜索的关键词,彭丽媛带来的时尚影响力令人惊讶)。此后两年的时间里,彭丽媛以独到的眼光和穿着品位将时尚带进中南海,为中国时尚文化吹进前所未有的优雅之风。在陪同习主席的外事出访中,彭丽媛的着装几乎都是中国元素的创新设计,经典的过膝裙中式领套装、修身剪裁的呢子立领外套、旗袍式样的连身裙以及民国特色的长袍,都是浓郁的传统文化与现代精神的完美结合,"丽媛style"成为"中国梦"的最佳诠释。

与大多数政要比起来,卡尔扎伊却堪称民俗与时尚的"混搭达人"。这位阿富汗领袖的政治生涯始终处于内忧外患之中,但他的着装赢得了国际上更多的关注和了解。原先的领导人要么西装革履,要么一身军装,但卡尔扎伊却将传统与现代结合起来,他选择了蓝绿紫三色相间的民族长袍Galabiya(阿富汗冬季长袍,把各个不同的部族标志织到袍面上),像斗篷一样披在身上,里面搭配传统衬衫和暗色西装,头戴一顶标志性的 Astrankhan Cap(阿斯特拉罕,轻便羔羊皮帽),这样的时尚风采着实令他成了公众关注的焦点。卡尔扎伊在着装上加强民族团结感的努力,使他的品位一直受到时尚圈的称赞,Gucci 前创意总监 Tom Ford 将他列入"全球最会穿衣服的男士"名单,GQ 杂志盛赞他为"中东第一潮男子"。

此外,还有一类女政治家青睐传统民俗服装,敢于大胆运用多色与装饰,对时尚有独到的理解。泰国前总理英拉(Yingluck)的着装带有迷人的泰国服饰元素,她喜爱雍容华贵的泰国丝绸,以花样百出、变化无穷的丝绸裙装套装形象深入人心;缅甸反对派领袖昂山素季(Aung San Suu Kyi)的衣着更是缅族风格浓烈,头插鲜花、身穿斜襟短衣与"特门"(传统裹裙)的她吸引了世人目光;曾任职乌克兰总理的尤利娅·季莫申科(Yulia Timoshenko)作为一名手腕强硬的商政双巨头,与她那民族风情的金色绕头编发、温润的淡雅服色、花朵蝴蝶结、泡泡袖又或者蕾丝花边等柔美装饰所形成的优雅柔媚气质,造成一种令人惊异的反差,她的造型还掀起过一阵时尚热潮,Givenchy 曾将季莫申科的专属盘发呈现于 T 台;有非洲"铁娘子"之称的利比里亚总统 Sirleaf(瑟利夫)总是穿着五彩斑斓的非洲民族服饰,以非洲为骄傲(图 3-11)。

图 3-11　卡尔扎伊、昂山素季、瑟利夫都喜欢穿民俗服饰

在民俗与时尚的博弈中,二者越来越惺惺相惜,它们的组合不仅是新鲜的体验,更是明智的选择。政治人物利用民俗风的外表吸引了更多人关注"政治",在展示民俗风情的同时,宣扬了一国形象。

3.2.5 民艺在服装中的创新问题

"各美其美,美人之美,美美与共,天下大同",这句话用来诠释民族和世界的关系颇为恰当。我们只有珍视本国各民族物质或非物质文化遗产并将其发扬延续,才会在世界立于不败之地。民族文化是我国历史经济文化的结晶,它是我国独有的,不可复制的,对于世界而言,它的独特和神秘使它最为迷人;同时,具有我国民族风貌的事物因为生长于本土,也是本土设计师最拿手的,我们的根深扎于此,有着最贴切、最深沉的感受。同时,也正是由于世界上的各个民族坚守本文化的灵魂和精华,世界文明才会保持多元化的良好状态,而这种百花齐放的局面是全世界人民期待的。

当然,强调民族文化的同时也不能故步自封,世界越来越小,交流永不止息,而这种交流很大程度上会碰撞出奇异美好的火花,可就中国现状来看,上世纪因闭关锁国吃尽苦头的中国人似乎不会旧错重犯,我们担心的是矫枉过正。现代服装的发展伴随着经济、技术一体化以及文化全球化的过程,这既给服装产业带来了机遇,也造成了传统文化特质的丢失。该如何来解决这一问题?换句话说,该如何理性看待现代服装的全球同质化现象,同时,又该如何看待今天传统服饰文化的更新与再生,怎样来判断哪些属于合理的传统文化,哪些属于传统文化的糟粕。

我们先来讨论传统服饰文化丢失的问题。

中国服饰文化是一条绵延之河,尽管相比西方而言它发展主线明晰,但它既不属于古老的原生文化,也不算是单纯的本土文化。回顾中国服装的历史,很容易看到服饰所体现的时代特有的气象,如唐、宋、元、明的袍服相互间有明显的差异,明代的袄裙与清代汉女所穿的也不尽相同。这说明,服饰的发展实际上是将中华各民族的文化熔于一炉的,到了20世纪,又与世界文化混融在一起。服饰要发展,自然紧紧围绕人们实际生活的需要展开,某些不符合时代的文化会被抛弃,同时也会不断掺入文化新质,令文化再生。如旗袍从旗人的游牧服饰发展而成清朝可识贵贱的等级手段,继而演变为民国女子争取平权的思想形式,再逐步发展到现今追求传统趣味的艺术风格。这一过程,有文化的断裂,也有文化的继承和再生,体现着服饰文化不断发展的自然规律。因此,在传统服饰文化丢失问题上,笔者认为,不应抱有悲观态度,如同西风东渐尤劲时旗袍着实吸收了不少西洋元素,它被外来文化改造,成为"中西合璧"下"传统又时髦"的女装,这恰好创新了附着在它身上的文化隐喻。从逻辑上讲,这是因为现代文明的气息令旗袍失去了它原有的社会条件,而不是传统服饰文化遭遇到了危机。

再来解释如何看待现代服装的全球同质化现象。

现代服装从一开始就不是阳春白雪,而是需要有很广泛的消费市场,这就决定了它能够走通产业化的道路。为了赢得国内外市场,改革开放后的中国服装业开始大规模从事来料加工和来样生产的外贸出口,而整个国内对现代服装的审美和消费意识都很不成熟,于是在早期的品牌建设时期,一味引入生产,而忽视了服装的设计开发问题。许多初期品牌的成衣都缺乏个性特色,样式、色彩、面料雷同现象很严重。大多数服装厂都没有从事成衣设计的专业人员,开发什么款式几乎是领导决定,凭借他的商业嗅觉来判断产品。一旦新款上市,又面临各家的仿制,所以产品上家家相似,几乎都在同一层次上。用纺织商会副会长谭安的话说,当时的产品形象就像"地摊货"。显然,生产商把注意力都集中在价格之战上了,谁也没有意识去投入成本进行设计创新。当时所谓的设计来源,就是各国订货时留下来的设计样。这样,中国服装业为表现出低价的优势,付出了丢弃产品创新的能力,结果使得中国服装反而在市场上失去竞争力。

面对这个问题,有足够的理由让我们去理性审视设计研发所产生的产品附加价值。现代服装在产业中的核心要素是什么?笔者认为理应包括三个方面:一是创新设计,二是管理模式,三是营销理念。第一个方面是决定服装具备差异性和文化品质的关键所在。

最后探讨一下传统服饰文化在今天的更新与再生问题。

近年来有一些从传统服饰中发掘灵感的品牌风靡国际市场,如"上海滩"(Shanghai Tang)。它在设计风格上有鲜明的传统文化再生现象。其最出名的产品是从20世纪前期改良旗袍变化来的现代旗袍、唐装、马褂等,主要顾客以西方人为主。"上海滩"的时装元素不只是局限于老上海,而且也不仅限于中国,名为上海滩,其实是搜罗全世界存在的儒家文化圈的传统服饰而发展起来的。"上海滩"有一个经典系列,叫做KALEIDOSCOPE,即从侨生(海外华人)文化中汲取设计的表现。设计师以竹子作为设计图案,用精美的刺绣表现在大衣和夹克上。设计师认为"竹"美名已久,"以四季如一的耐久性与弹性而闻名,也是生命与逆境中勇气的象征"。此外在精神意境上,竹还代表虚怀若谷。这无疑是利用了东方文化的象征性,给植物赋予品格,这一点对西方人来说非常新鲜,从这一个元素,我们实际上可以总结出"上海滩"的整体设计卖点,用外国人所不熟悉的元素搭配富含深意的解释来吸引消费，同时，加速了东西交流也造就了商业价值。从"上海滩"案例中我们发现，它既保留了传统元素，又有着浓郁的时代气息。传统服饰要焕发生机，需要像这样去贴近当代人们的生活理想和审美品位。

"夏姿·陈"也是当今发展形势比较好的中式服装品牌，享有国内外高端市场（图3-12）。其设计师敏锐地认识到，当今顾客的审美趣味已不同往日，不太容易接受繁琐艳俗的刺绣装饰。所以，该品牌的成衣基本不附着大量手工，而是尽量展示天然材料的质感和传统缝制的特殊痕迹，发掘传统服饰的肌理美，而非装饰美。该品牌成衣将传统服饰趣味转向朴素，并开发出许多极富生活气息的现代题材。它在商业上的成功说明，传统服饰的再生绝不能忽视时代要求。只有深入理解现代生活，才能使传统服饰合理地再生。这里强调的时代要求，是指那些具有现代内涵的意识形态、技术前提、管理形式、社会环境等。同时，对传统服饰的再生，既不能将其看作一成不变、完全照搬，也不能纯粹用行政手段进行干预和保护，最重要的是设计师需要有主动发掘和改造的文化自觉性。

图3-12　中式服装品牌"夏姿·陈"

3.3 生肖持续风行的文化学思考

民俗文化是不断发展和变迁的,生肖文化的商业开发过程,也是促进生肖文化交流与传播的过程,同时促进了生肖文化的现代化。一岁一个生肖,每逢春节,人们都把传统历法纪年中的一个新属相附着上吉祥话,成为深深融入国人生活方式和情感交流的年俗。民俗学家冯骥才说:"包括春节在内的传统节日,其精髓是两个字:爱和乐。缺少爱,节日就会缺少温馨和人情味;缺少乐,节日就会变得枯燥无味。"这种爱与乐,常以生肖增添趣味,将这一属相表现得如童话般富有诗意。

3.3.1 民间生肖工艺品的表面繁荣

生肖在民间曾作为葬俗的神物形象,随葬于墓中,它的造型主要有两种:一是生肖俑,二是墓壁画生肖图案。中国国家博物馆中保存着隋代的十二生肖陶俑,为坐翁怀抱生肖动物的形式,同时代的还有十二生肖青瓷俑,为人身兽首式造型,均长袍广袖,作持笏状,一副彬彬有礼的样子。前文所述的唐代生肖俑也是人身兽首式,青州博物馆的明代生肖陶俑则完全是动物的造型(图 3–13)。此外,北齐和唐代的墓壁画与墓志中也都以生肖作为装饰图案。无论何种形式,在葬俗中出现的生肖形象,其意义是约定俗成的,都是术数家用以厌胜驱邪的工具,带有迷信的色彩。除了作为葬器,类似功用的法器,还有如避邪铜镜和辟邪铜钱,也常出现十二生肖的浮雕艺术造型。

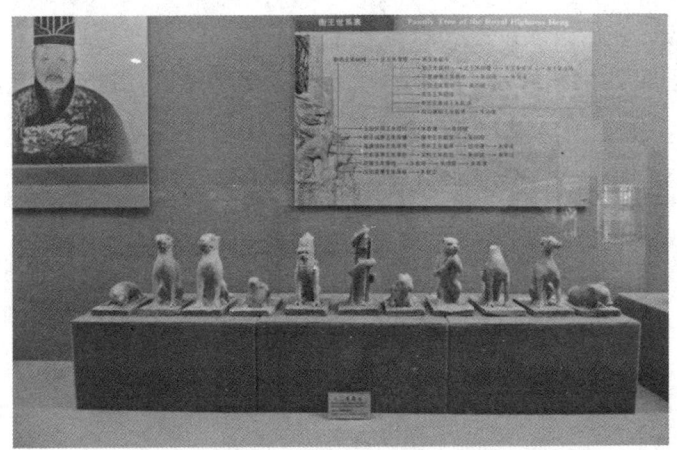

图 3–13　青州博物馆的明代生肖陶俑

为何古代生活中的生肖多出现在葬器和法器中？这一现象与道教的发展有关。十二生肖是中国历法与文化的产物，中国历法为十二制，也就是一个甲子有五个十二年，一年有十二个月，一个季度有十二次月相，一天有十二个时辰，最后给这些十二都配以动物为标记，至于起源排序，与动物的习性有关。可见，十二生肖并不源自道教。但是，生肖的传承和发展与中国本土的道教息息相关。拜太岁（即拜当年的十二生肖当值神仙）的传统延续至今，道观中在元辰殿供奉十二生肖的神仙就是很好的证明。而且十二生肖与其相对应的地支经常应用于道教众多法事科仪、风水占卜等领域，也有众多道教经典对比有相关叙述（风水命理方面较多）。因此，十二生肖便被道教观念所浸染，成为民间宗教信仰的一部分，随着算命术的盛行在民间流传不衰。

道教以阴阳五行为其核心教义，在阴阳五行观念的作用下，道教与天干、地支、十二生肖等产生了天然的亲近关系。成都道教圣地青羊宫内居中有雕着十二生肖和阴阳鱼的刻石，这是典型的道教风格。宫里还有一尊名气颇大的铜羊文物，这尊独角羊被称为十二生肖的化身，因其同时拥有十二种生肖动物的一部分：鼠耳、牛鼻、虎爪、兔背、龙角、蛇尾、马嘴、羊胡、猴颈、鸡眼、狗腹、猪臀。道观中的香炉，也雕以十二生肖。十二生肖每种增加相类动物一种，为二十四种；子午卯酉为四正，再多一种，总计二十八种，正合二十八宿之数。南朝画家张僧繇所绘的《五星二十八星宿真形图》，为二十八星宿配上了动物神像，显然是对十二生肖形式的套用。民间还编出这些星宿神现出原身的故事，比如民间谷雨防治蝎灾贴雄鸡画像，以鸡避蝎虫之害，那鸡被说成是天上的昴日鸡神。

十二地支搭配属相，创作出十二生肖，十二地支配十天干，形成以六十为单元的干支序数系统，古人以此构思出六十甲子神。北京的道观白云观中有元辰殿（六十甲子殿），供奉的六十星宿神重彩泥塑坐像就是由这十二生肖派生出来的。道教以六十个星宿神为值年太岁，又称六十甲子本命神。白云观的造像以清代皇宫如意馆的六十甲子本命神图像为粉本，六十甲子囊括了所有人的生年。本人出生年成为本命元辰。古代有正月顺星的习俗，礼拜自己的本命元辰，就是向本人出生年代的星宿神祈求吉祥如意。六十甲子本命神，成为轮流值年的太岁。古人在描绘这些神像形象时，有意体现出生肖意义来，其中有十五种表现出鲜明的生肖动物图形，恰好四分之一。六十甲子本命神的崇拜与十二生肖本命神的崇拜大同小异。泰山顶上的玉皇殿，左右偏殿礼奉十二本命神，同六十元辰崇拜相比，内容都是表达对于生命延伸的祈望。道教信奉"道"是一切的开始，天地万物由它主宰，生命自然也不例外，生肖与天干地支相配而形成六十甲子的观念是生肖与道教信仰相融合的表现,目的是为了祈求神灵的保佑,平安如意。

从以上内容可以看出,生肖已成为主宰人生命的因素,成为生命信仰的一部分。作为民间风俗习惯的艺术形式,民间工艺美术如剪纸、捏面、彩塑、雕刻摆件、年画,都将生肖文化作为稳定的表现题材。陕北地区的十二属相剪纸十分有名,有十二属相的挂帘,还有人与属相结合构图的,例如持莲娃娃下方的龙属相,巧妙点名生肖题材,区别于其他一般动物。各地还有十二生肖的面食造型,例如山东荣成一带,流传正月十五"捏属"习俗,用豆面捏属相。陕西地区为新生儿过"满月"或"百岁",有送十二生肖礼馍的风俗。浙江举行"斋天"风俗,供品糕点要捏制十二生肖造型。从清代开始盛行的北京庙会,有彩蛋描生肖的特色商品。北京泥塑也始终以生肖作主要题材,常见的造型多活泼可爱,鲜艳的着色既为了符合生肖的五行五色之说,也具有北方民间的乡土气息。其中的骑虎兔爷儿,被人们称作"卯兔驭寅虎",寓含"卯吃寅粮"、"生活富裕"的妙义。年画中的十二生肖也是传统题材,将十二属相作为祝吉避邪的题材,其意义正在于此。

生肖并不仅仅存活于旧俗之中,在其发展过程中随着时代的更迭,生肖的很多含义淡化了,但生肖纪年却是它的一大生存优势,能够随时代一道前行。作为一种流传最广、影响最大的文化题材,目前国内制造的生肖工艺品主要有工艺摆件和金属配饰两类。生肖工艺摆件的范围很广泛,笔者为此前往山东临朐调研了当地繁荣的工艺品发展现况,并重点选择了华艺雕塑艺术有限公司进行了考察(图3-14、3-15、3-16)。我们在华艺公司展厅中注意到生肖摆件非常丰富,有十余种类型,石雕、铜雕是最大的几类,产品上集阴线、阳线、平凸、隐起、镂空、俏色等多种做工,图案大多是写实动物,也有个别变化自由的漫画式动物造型。尽管该企业的生肖雕塑名声在外,从制作到销售已形成完整的链条,但在实际走访中我们注意到,无论是正在生产的半成品,还是县城商业街上销售的生肖工艺成品,都缺乏个性特色,几乎所有产品都在同一层次上,造型、样式都千篇一律,设计附加值不高。加上传统生肖典型的纪年意味在生产实践中普遍被抛弃了,致使生肖摆件的整体形象较差,缺乏产品更新和艺术创新。导致这一现象的真正原因是企业缺乏从事工艺美术设计的专业人员,几乎由老板决定产品的形象问题,工人只要具备仿造能力就可以。与此同时,该地区也没有与生肖相关的研究机构,所以生肖文化的商业化使传统风尚退化,甚至一定程度上还导致了生肖文化的同质化和庸俗化,冲击了传统民俗文化。

图 3-14　华艺雕塑的生肖摆件展厅

图 3-15　华艺雕塑的生肖摆件工坊

图 3-16　华艺雕塑的生肖摆件

与陈设在公共空间的雕塑工艺摆件相比,有一些小型的生肖挂件作为旅游产品也进入了市场。不同的旅游地区销售的生肖挂件跟当地盛产的原料有关,例如浙江和福建的旅游区一般多有黑檀和黄杨木之类的生肖挂件,广西东兴就以越南红木挂件为特色,云南以缅甸红木的挂件居多,还有许多地区多为生肖布艺立体挂件,以中低端产品为主。它们一方面与上述地区特有的民族民俗紧密结合,另一方面也成为受人喜爱的旅游商品。

十二生肖的造型群在民间景观设计中表现得也很突出。北京近郊红螺寺景区内有座全国最大的十二生肖主题雕塑园,整个山沟延绵数里散布着十二组生肖群,由上百个大小不一的生肖雕像组成,是景区的一大民俗景观。生动逼真的生肖造型不仅形态各异且动感十足,它们并不是按顺序排列,而是依据地形地貌,如兔、羊、猪等在较平缓的坡上,而虎、蛇则树木较密处。无独有偶,浙江莫干山的生肖公园景区里,十二生肖石或立于道旁,或藏在丛中,妙趣横生。河北遵化的万佛园里,也有十二生肖石雕,体量巨大,兽首人身,均为历朝服饰,有点像古代的生肖俑。在其他的一些城市园林里,也都可以看到这样的生肖主题景观。也有别出心裁者,如2006年江苏镇江金山公园里落成的汉字生肖雕塑,既保留了古汉字字形,又具有强烈的现代感;哈尔滨的生肖雕塑园采用景泰蓝的工艺制作,配以紫铜、彩灯等材料;澳门离岛公路边耸立着梁晚年先生设计的生肖系列城雕,气势磅礴;香港九龙寨城公园里辟有青白石制作的生肖,个个中国风十足,老虎背上的鱼鳍参照了周朝神兽造像,马的造型仿照自北京明十三陵石马。正是生肖与民亲近的思维才使得这一古老的民俗文化表现出了顽强的生命力,得以传承下来。

我国生肖文化的现代化发展形势总体是好的,只是有一点值得我们重视,那就是针对公共空间设计的装饰摆件和旅游品的开发较多,真正能作为民生日用的生肖文化产品开发得很不够。由此造成一个现象,就是大多数百姓的居住环境中没有传统生肖带来的印记,甚至对于多数人来说,生肖文化只意味着春节平添趣味的谈资,如此下去,中国民间生肖文化传承的道路仍旧艰难。

3.3.2 奢侈品生肖艺术的别开生面

近年来中国民俗文化成为奢侈品行业的一大选题,这与中国成为全球奢侈品快速增长的领军市场有关。全球经济疲软下奢侈品行业普遍陷入低谷,然而中国人强劲的消费能力使中国奢侈品市场的活跃性依旧凸显。在这样的市场环境下,用中国人熟悉的文化和习俗来赢得中国消费者,就成了奢侈品牌当前制胜的法宝。生肖文化大众性和普及性的特点,使它成为国人生活的常识,容易流传。借助十二生肖的属相关系,构思主题和故事,把品牌吉祥物与中国传统生肖相结合,这样的奢侈品牌为数不少。当然,从生肖入手作文章需要看机会,适逢奢侈品比较容易挖掘题材的生肖年,如龙年、马年、虎年等,就是生肖营销的"大年",因为这几个生肖普遍能成为品牌"讲故事"中的华丽元素。

2014中国农历马年是借生肖之势营销的重要一年。漫长的农业时代,无论是在农耕、运输、交通等方面,还是在古今中外的战场上,马作为人类的助手不仅是拉车和代步的工具,其本身还是一种特定的文化载体。美国汉学家爱博哈德在《中国符号词典——隐藏在中国人生活与思想中的象征》中写道:"马是中国人生肖中的第七种动物。在中国古代,有许多不同的词,来描述不同大小、不同颜色的马。这些词汇的死亡,表明马在当代中国历史中的作用已经大大降低。"尽管由于技术的发展,马的历史作用在削弱,但祖先遗传下来的恋马之情却依然浓厚,很多与马有关的故事仍在不断被发掘。而一些本就以马具起家或者热衷于马术的奢侈品牌,更容易通过马来贴近中国生肖文化的传统以赢得好感,将品牌DNA和中国文化结合得顺理成章(图3-17)。

图3-17 奢侈品挖掘马年题材

马年的生肖系产品通常在春节前就上架,且对产品进行限量,有针对性地投放市场,春节过完就难觅踪迹了。做手工马具起家的法国品牌爱马仕平日就不断在传颂马文化,2014马年更应了中国春节的景儿,与生肖结合,充分发挥了"马"的中国味儿元素。设计师以马头为造型推出了马年主题系列的项链、手镯与戒指,以玫瑰金为底、镶嵌碎钻的工艺,看上去奢华大气。还有骏马造型的皮革挂饰,颜色鲜艳喜庆,配上印染丝绸绳带,更适合中国马年的节日气氛。英国品牌登喜路最早也是从事马具业务的,马年春节前登喜路推出一款马形钥匙环产品,并预测会受到中国赛马爱好者的喜爱与购买。意大利的古琦品牌推出了一款"2014新春马衔扣特别系列",大红色手袋上金属饰物为马术中常用的马衔扣,在包的内侧镶上"中国限量"铜质名牌,并装饰上红五角星。菲拉格慕品牌也在马年发掘马的故事,"马年特别系列"包括马形吊饰、马形钥匙环以及彩色丝质印花领结与丝巾,其中丝巾的图案以娇艳的牡丹环绕着一匹奔腾的骏马,很适合烘托中国春节的气氛。

这些奢侈品牌除了在设计和创意上围绕着生肖马之外,还会在投产量与上市时间上巧动心思。菲拉格慕的一款马年手袋仅在北京新光天地店发售,限量只有25件,而且产品仅在春节前后几周上架,延续了奢侈品牌一贯限时限量的饥渴营销手段。马年生肖营销推广的深度还取决于品牌的产品属性。一些服装品牌考虑到销售周期,很难针对短暂的节日快速做出行动,但腕表和珠宝品牌在这方面就更容易讨中国人的欢心。腕表品牌雅克德罗进入马年之前推出了马形象的生肖腕表;意大利腕表品牌沛纳海连续多年推广生肖主题,马年推出的是第六种生肖腕表;梵克雅宝的腕表灵感来源于浩瀚苍穹的飞马星座,尽情伸展的双翼和随风飞扬的马鬃被表现得精致优雅;法国珠宝品牌宝诗龙的"飞马"系列彰显了高级珠宝的流畅感和极致奢华之风;TTF珠宝工坊的"天堂的马"和"万马奔腾"都为庆祝马年新年而作,时尚集团总裁苏芒女士还设计了"树与马",由两棵树组合之后构成马首的形状。这些马年生肖腕表和珠宝,应景之余也让人"龙马"精神一番。

当然,对于奢侈品牌投其所好地扎堆做中国文化,并非完全可取。瑞士伯爵表品牌几年前曾设计过一款东方风的灯笼吊坠珠宝,但亚洲人并不买账,伯爵表高管麦振杰的解释是:亚洲人并不愿意买专门为亚洲人设计的产品,他们想买的是反映品牌本身DNA的产品。显然,品牌要获得长期的成功必须筑牢品牌背后的文化根基。鉴于此,许多奢侈品牌在开发中国市场之前,选择将自己的设计师派到中国,让他们了解中国文化,避免因过度迎合中国市场而带来的不稳定。只有将中国民俗与品牌自身基因相联系,才有可能给多元文化的产品注入生命力。

与国外奢侈品牌相比,以"高品质"形象和特色工艺频频在春节期间上市的各大国内珠宝品牌的生肖工艺品,更容易快速转入到商品生产和流通领域,这是当前很值得注意的文化现象。作为全球市值最大的珠宝品牌周大福,在2015乙未羊年前夕发布了羊年黄金生肖摆件和饰品。以溢彩的琉璃和贵气的黄金为主料,汲取生肖羊温顺娴静与善美正义的美意,设计了"盘羊启泰""扬名万福"的千足金摆件和"五谷丰登""羔羊跪乳"的黄金琉璃摆件。其中"羔羊跪乳"将琉璃的祥云幻化成母羊形态,云内包裹着小祥云羊,符合中国传统文化吉祥、喜气的价值观。以"羊瑞之钥""洋光溢彩""福禄连绵""金羊献瑞""万福金安"命名的黄金吊坠、耳饰、戒指、手链等首饰,用绵羊角绕出"羊"字形态,又神似如意的造型,取其如意连绵的吉祥寓意外,又以简洁的几何形状构筑强烈的现代感。其他珠宝品牌也都有类似周大福的生肖主题产品,凭借着品牌所掌握的"工艺"绝活、创意样式、新颖风格乃至文化标准,迅速成为当今社会传承生肖文化的主体。

3.3.3 在比照中反思生肖文化的生存态势

1.华艺与周大福生肖艺术的比照

华艺的民间工艺与周大福的奢侈品工艺这两个生肖主题的呈现载体留给我们的印象不尽相同。如果单纯从艺术的文化定位上来看,民间工艺与奢侈品工艺分别代表了学术界流行的划分理论:前者是俗文化、下层文化,后者是雅文化、上层文化。华艺的生肖工艺品只保留了生肖的动物形态,内容陈旧,不存在干支纪年属性,同时只作观赏类,也不是人们生活最需要的实用器物,正因如此,华艺制作的生肖工艺品几乎完全被商业气息所掩盖,过度的简易性导致生肖民俗彻底表面化,成为形式的外壳,原有意义消失。

谈到该如何传承和发展生肖文化的问题,华艺生肖工艺品"只见工,不见艺",艺术创新能力的缺乏是一个方面,另一方面显然是民俗文化内涵丢失的问题。过分商业化的弱点使生肖艺术失去了原有的文化内涵,造成这种现象的原因既有市场需求的变化,还有生产商急功近利心态的影响。与之形成鲜明对照的是周大福的做法,周大福不仅在材料意识、题材意识、主题故事上反映出强烈的生肖民俗中的迎祥纳吉观念,还将民俗题材与奢侈品工艺巧妙结合,保持着用料精、工艺细、造型独特、风格富丽等奢侈品工艺的特点,令生肖形象既充满了民俗中的活泼随意性和世俗人情味,又代表着最高技艺水平的奢侈品工艺,显得尊贵并饱满,古老的生肖与当下的技艺融合后焕发出无限生机。周大福的另一个优势是开发了更为实用的生肖服饰品,符合人们更多的需要。

2.传承生肖文化需要关注文化价值

生肖一年一换,农历春节是它得以更替传承的重要载体。春节在古时专指节气中的立春,被视为一年的开始,是最有影响力的民俗节日。它一直保留注重家庭团圆、缅怀祖先的传统,全民同乐、祈福迎祥、驱邪避害、除旧布新、祈求丰年是它的主要内容。如今,往日美好的春节记忆如扫尘、守岁、贴年画等民俗因不适合现代生活方式而消失,春节发挥的联络人们情感的作用正在弱化,在这种民俗危机下,生肖文化热却一年胜一年。每年1月5日发行生肖邮票,向大众报告新春的吉祥物消息,紧接着生肖年历、生肖钱币还有生肖贺卡就顺势而上,除夕夜央视的春晚总要安排点题节目,羊年话羊,猴年戏猴。民俗所重,生肖广泛介入各领域,商家也都在借用生肖寻求消费者的兴趣点。

一般而言,人们对适逢其时的民俗接受的兴趣是最强的,生肖是依赖于传统年俗而生存的艺术形式,在春节的推动下更易于给民众带来亲和力和需求感。生肖的这一特性在华艺没有得到重视,华艺制作的十二个动物组合,虽然以特定的数量单元成为生肖系列,但从效果看,华艺生肖产品种类繁多的表象下难掩创新之忧,形式的空洞异化了民俗生肖文化,生肖成了一种动物摆设,远离了特定节日中生肖所蕴含的人文精神、亲情、团聚这些永恒主题,使得生肖成为日常装饰,价值也可有可无。

周大福重视传统节日和相应的民俗,它的生肖系列里包含了很多时令节气的形式和内容。周大福持续多年开发利用生肖文化的动力来自于对这一民间艺术产业的信心和文化认同。生肖的文化价值有两方面:一是生肖是中国民间从事农业生产及日常生活所需的时令节气带来的奇特风俗,因为工业文明中工业化和商业化的冲击,适合于农耕文化的生肖文化生态也发生了变异,跟二十四节气相连的内容被冲淡,与祈福有关的习俗被加重;二是人们对十二生肖的膜拜情结保证了人与自然的和谐关系,这既显示了祖先对自然运动规律的认识与把握,探究其根源,即人们祈望五谷丰登、人畜两旺、岁岁平安的愿景。前者关联自然环境,后者关联社会环境;前者靠近物质,后者靠近精神。要传承生肖的优秀文化价值,两者均不可忽视。

3. 生肖文化与时代相谐才显生存优势

生肖文化是一种生活文化,在现代社会中成为可被商业利用的民俗文化资源,并给一些产业带来创造性的经济效应。如此看来,生肖文化已从单纯的文化属性过渡到文化与资源相结合的双重属性,现代商业社会赋予了生肖文化新一层的经济价值,所以,生肖文化与时代相谐、与商业相容,才能显出生存的优势。

近二十年来,时尚对生肖文化的影响也不可小视。不断变化的时尚通过市场杠杆对生肖产品的生产形成压力。例如华艺生肖为追求时代特色,通过现代艺术形式包装生肖文化并将其推向市场,以现代商业价值观取代传统伦理为代价,结果丢失了生肖原本淳朴、自然、独特的风貌。华艺生肖产品在工艺装饰内容方面,否定了生肖干支题材,夸张性地强调动物变形,生肖造型被低端市场旅游品的趣味所左右,工人被鼓励去创造新外形,将流行的时尚元素不假思索地纳入生肖产品中,失去了民艺的原汁原味,所以生肖产品的竞争优势不明显。

社会的政治、经济变迁总会引起文化的变迁,所以发展、变异、复生、异化等构成了民间文化的经纬网。以周大福生肖产品的创新看,设计师或是注重其文化和精神教化的功能,或是注重其物质性和技艺性,在保留民间文化韵味的基础上创作出了一组组新颖别致的生肖饰品。如庚寅年出现的生肖虎系列产品,把史前虎神崇拜中作孕妇胎教工具的功能加以发挥,将西周时代挂虎鼻的方法用于吊坠设计中,以民艺中面塑虎、布虎、泥虎等的虎形象创造了黄金饰品的虎造型,关注到艺术造型如何"取法"民间文化遗产的问题,既着眼于民间文化的继承,也着眼于民间文化的再生,是具有积极意义的创新。再比如,午马系列产品将北方民间"牛马年,好种田"的年景规律与"吉日庚午,既差我马"的生命意蕴转化为最常见的"马上发财""马上兴隆"等马驮财宝和神龙的艺术形式,也是例证。虽然这些生肖艺术品在发展过程中出现一些偏离或转化现象,但仍不失为民俗和民间文化的一缕余音,这不能不说是一种与时代相谐的生存优势。

3.4 以生肖作题,设计实用之为

中国的影响力并非近年才波及时装业。东风西渐,从一百年前法国的保罗·波烈用清代妇女袍服和系腿裤的裁剪法创造了新廓形开始,外国设计师对中国古老文化倾注了异乎寻常的热情。今天,全世界都在关注中国,设计师们早已不局限于唐装、旗袍、龙凤等初级的中国文化元素,而已开始从剪纸、水墨画、书法、古

建筑、少数民族图腾、刺绣、古器等各方面挖掘中国文化。在愈演愈烈的"中国风"热潮里,有一个大的民间文化主题尚处于被忽视的角落中,这就是生肖。

生肖,是扎根民间的中国传统文化符号。轮流值岁的十二生肖,作为远古遗留的一组活文物,为今天的人们带来了无穷乐趣,寓有岁岁吉祥、时时平安的祝福之义。一般认为,生肖肇始于先秦时代,此后,生肖成为备受工匠关注的造型题材,出现在器具和建筑的造物历史中。

古今民间关乎十二生肖的艺术形式很多:生肖浮雕铜镜在唐代十分常见,厌胜钱币与生肖结合,庙堂里供着著名的十二生肖神像,圆明园中曾有生肖喷水计时器,元明时期生肖被纳入旌旗中,各地古建筑中常见生肖彩塑,至于生肖画、生肖剪纸更是蔚为大观,所取话题皆为熟典。这些珍贵的艺术品从一个小侧面反映出过去人们对生肖吉祥纹样的重视已成风习。独不见服装及配饰中有十二生肖的亮相,这为今后设计师的文化探索提供了新的空间。

3.4.1 生肖与动物的区别

怎样界定设计中表现的是生肖,而不是一般意义的动物呢?

人们谈论"龙""虎""马""蛇"等动物时,可能会提到它们是生肖,但讲虎时讲的是虎文化,讲龙时讲的是造龙文化,讲马时讲的是马政文化,它们与生肖本义总还隔着一层。子鼠、丑牛、寅虎、卯兔、辰龙、巳蛇、午马、未羊、申猴、酉鸡、戌狗、亥猪,生肖文化所倚重的,并非十二种动物的简单集合,而是先民们为子丑寅卯等十二地支搭配属相的序数系统,它萌芽自图腾崇拜、动物崇拜,在初期天文学中成形,既表示时间,也标志空间。

借助十二地支,生肖珍存于历法中,浸润在民俗里,沉淀着古代的俗文化与雅文化。求解生肖文化的内涵,在于地支配动物的文化认知,以及生肖在传统文化中的作用和影响,而非对鼠、牛、虎、兔等十二种动物的解说。

生肖图案,虽然也是动物,但它的艺术形式与动物并不一样。动物图案强调品种特征、身体结构、毛色、习性等,生肖则重在它的民俗性,所选动物的品种、形象等因素要符合人们的审美习惯和爱好,容易使人产生亲近感。在我国,每种属相的人都可能超过了一亿以上,人人都关心自己的属相,对生肖的形态也随之关心和喜爱。所以,对生肖的艺术形式要进行必要的取舍和强调,夸张、美化它们的精神和灵气,求其神似。

十二种生肖动物可分为三类:一类是被驯化的家畜家禽,即牛、马、羊、猪、狗、鸡("六畜"),还有兔。第二类是与人的日常生活关系密切的野外动物,即虎、猴、蛇、鼠。第三类是想象出来的龙，它是远古以来人类崇拜的图腾灵物，不是真实的。

鼠在动物里是公害，它破坏人类环境并传播疾病，所以生肖鼠较难设计。国外的米老鼠开了个好头，生肖鼠也多以漫画方式表现其狡黠有趣、机警可爱的形象。

牛于水田耕作，是吃苦耐劳的形象，生肖牛可兼顾牛的质朴和实在，去掉其受人驱使、任人宰割的形象，借昂首挺立的姿势，强调一股韧劲和顽强不屈的精神。

虎最让古人恐惧，以猛兽的实力成为百兽之王。虽然早期的虎形象狞厉凶悍（如商代青铜礼器），但民间常见的虎形象却是亲和可爱。民间孩童的虎头帽、虎头鞋、虎玩具和虎头枕，既示威猛又避邪。生肖虎，需有威风勇猛的一面，应虎虎有生气。

兔憨巧可爱，它是月亮神话的重要角色，"卯酉日月门"是基于日月升落而引发的联想。生肖兔应多表现其机灵、可爱的特征。

龙是华夏先民创造的一种虚拟动物。闻一多在《伏羲考》中说，原始时代部落的兼并产生了龙这样的混合图腾。最初以蛇图腾最为强大，以蛇为基调，兼并吸收了兽类的四脚，马的头、鬣和尾，鹿的角，狗的爪，鱼的鳞和须等，最终形成了龙。所以在生肖龙的设计中应多强调一些民俗方面的龙形象，而非皇权皇位意义上的龙。

蛇是爬行动物，有的对人类有益，有的以毒伤人。蛇形象也会令一些人发怵。生肖中的蛇在设计时应强调蛇的蜿蜒曲折、柔顺灵巧的优美形态。

马在人类发展史上有重要贡献，是战争、交通、耕作、驿使的重要畜力。马外表温顺安静，又很有竞争意识，追随主人忠诚可信而被赋予"忠""义"品德，生肖马的设计可借鉴古今多种艺术家的手法进行概括。

羊儒雅温和，温柔有礼，它的神态与外形常作吉祥符号使用。生肖羊的设计常引用"三阳开泰"的羊形，刻画有角、有须、身披五彩的山羊。

猴是灵长类动物，机智灵气的猴形象在民间很受人喜爱，无论猕猴、金丝猴、叶猴、长尾猴还是红面猴等，都可以做生肖猴的设计对象。庚申年邮票的生肖猴是至今公认的设计精品。

鸡在儒家解释下是"五德之禽"，生肖鸡，以公鸡为先，公鸡形体健美，色彩绚丽，行动敏捷，羽毛美丽，在设计时需注重表现其引颈阔步、精神抖擞的姿态。

狗是人类的忠实朋友，嗅觉灵敏，机警执著。生肖狗可兼顾家犬、警犬、猎犬,各采其长,以描绘它的机警与矫健之姿。

猪体健壮,在人们的印象中,猪蠢笨、懒惰。生肖猪却不可有这样的特点,设计时需减弱猪的真实形象,用五彩吉祥的花色,装绘成一头噘嘴翘尾的可爱小猪。

当然,绘制一只鼠、一头牛,所勾勒的可能是生肖,也可能不是。若绘鼠时有"子"意,绘牛时有"丑"意,就必然是生肖画了。在今天人们的生活里,生肖虽是点缀小趣,却也能从一个侧面反映出时代的文化智慧和设计思想。

3.4.2 生肖艺术在时装中的运用

如何把传统生肖元素运用在服装上,穿出时代感?

很长时间以来,设计师穷尽其力地找寻方法,以求传统服饰变得更加实用化,但不免发现,那些体现中国味道的衣服,不是太中古,像老古董,就是太夸张,像戏服。传统元素如果脱离了现实环境,再奇特的服装都会被丢掷一边。找对我们自己的服装语汇,才能为传统文化焕发生机提供可能。

笔者认为,以生肖为例,把与生肖相适宜的图案和传统技艺,通过现代化的表达方式运用到生活中,达到实用之为,就能变身成摩登精品。也就是说,为了恢复各种文化符号,必须要与西方的现代着装方式相结合,尤其要运用西方的剪裁方法、高品质的面料,再加上中国古老的手工艺与图案,巧思改良以后,才能创作出独特优雅的中国时装。

生肖的运用需考虑到生肖物之间的数量、大小、疏密、结构、工艺等关系,还要充分考虑到生肖与服装形成的整体态势。生肖在时装中的合宜问题至少有三种情况:首先是十二种动物齐亮相,具有生生不已的含义。如果只有一个属相,并没有太特殊的意义,汇集在一起,民俗底蕴油然而生。例如清代苏州刺绣,以十二生肖图案装饰袖边[1],流露出浓浓的生活气息。畲族妇女编制花腰带,十二生肖也是传统的图案[2]。其次是若干属相相组合,体现文化的依托与集结。十二生肖两两相对,六道轮回,例如,鼠和牛、虎和兔、龙和蛇、马和羊、猴和鸡、狗和猪,结合成对,构成中庸思想。此外,单独一种属相出现时,往往是在表现值岁的生肖,每年春节前后生肖文化都热上一阵,"单人照"式的属相有较强的时效性。KENZO在抓绒套头衫上刺绣了抢眼的生肖虎头图案,用一种热烈、醒目的状态演绎出中国的生肖文化,具有戏剧的张力(图3-18)。

---

[1] 濮安国、于会:《中国十二生肖图集》,轻工业出版社1987年版,第7页。
[2] 施联朱:《畲族风俗志》,中央民族大学出版社1989年版,第97页。

图 3-18　KENZO 在虎年推出的生肖虎头衫

生肖主题的时装基本是以生肖图案装饰时装。一般认为,生肖图案的大小宜肥瘦适宜,不宜繁杂臃肿。为使生肖灵活有气,需重视图案与服装之间的体量关系。华裔设计师谭燕玉(Vivienne Tam)一直对中国元素情有独钟,她曾以

图 3-19　谭燕玉的生肖系列时装

"十二生肖"作为主题设计过一整场时装秀(图3-19)。谭燕玉将生肖文化与军装风格融汇结合,呈现形式并不是明显的十二种动物,更多的是隐约而含蓄的生肖特征:羽毛装饰的长款方兜马甲里暗藏着剪纸的生肖,军绿色塔夫绸抹胸裙上装饰着红色折纸的生肖,兽纹网袜别出心裁地道出生肖特征,下摆用立体花朵贴片与生肖图案巧妙结合。谭燕玉接受采访时说:"在中国,我们深深地意识到我们所面临的矛盾,我们对传统文化充满崇敬之情,但同时又要努力地赶上现代的脚步。"参差有别的生肖装饰充满了东方色彩和中国风情,确实是一种新鲜的文化体验。

谭燕玉对生肖的喜爱远不止这一场服装秀。2011秋冬女装系列的灵感仍来自于中国古老的民间生肖图腾——龙与蛇(图3-20)。她的设计对传统工艺和现代色彩兼收并蓄,立体雕刻效果的龙鳞纹样,透视镂空的双蛇印花,还有剪纸舞动的龙蛇图案,修饰于现代感的服饰之上,无不流露出中国文化所传达出的艺术魅力,有着中西合璧的美感。谭燕玉的设计虽然充满古风神韵,却丝毫不显得古旧,在尝试中国古老传统文化与当下时尚相结合的方面,做得很成功。

图3-20 谭燕玉的生肖系列时装

纳帕佳(La pargay)这款开衫前襟横纹里的图案是十二生肖,造型俏皮生动,整体上透着轻快而明朗的文化归属感(图3-21)。

生肖既然作为服装艺术设计的重要装饰性元素而存在,无疑具有主题设计的作用力,它本身也被当作生肖年的定制作品或特别限量版而被推广。牛仔时装品牌Evisu在每个农历年都会推出生肖版本的牛仔服装(图3-22)。2013年,Evisu推出以蛇为设计概念的牛仔裤,为了使"生肖蛇"更为突出,设计师将蛇皮纹的图案和蛇的象形字压印在皮革上,使蛇皮的效果和质感更强烈。每条限量的牛仔裤均配以具珍藏性的主题木盒,刻上生肖字,成为别致的收藏品。2012年,Evisu曾推出过EVISU Gold Edition牛仔裤,以金线在背面做刺绣,采用密集且复杂的缝纫工序,将"龙"纹图案富有层次地表现出来,后兜处特别印上朱红色日本字"龙",使整条裤子能突显出主题。

图3-21 纳帕佳的十二生肖休闲开衫

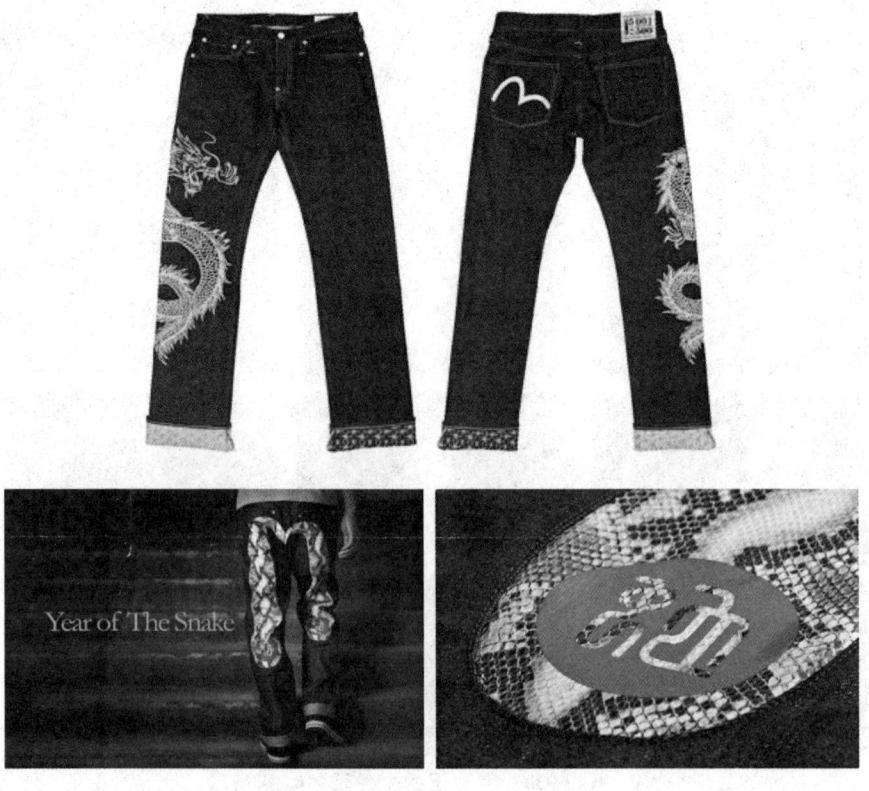

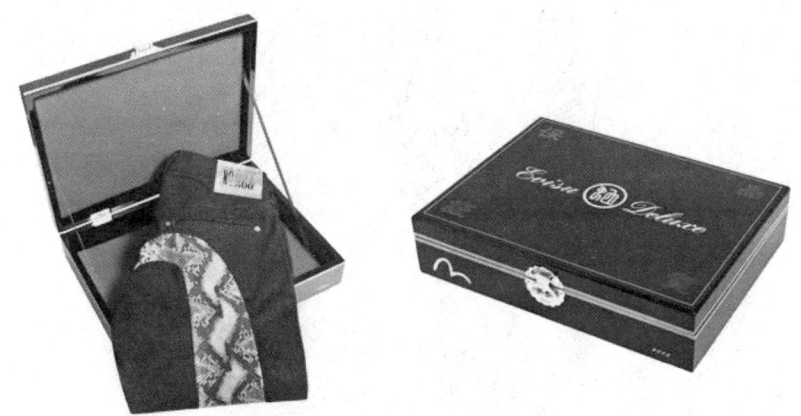

图 3-22　Evisu 推出以蛇为设计概念的牛仔裤

耐克(Nike)也在各个专业运动系列中推出生肖产品(图 3-23)。蛇年特别款的皮袖棒球外套,加入了蛇鳞的压纹,右胸有代表蛇年的"癸巳""天龙巨蟒"字样。龙年里,以龙袍为设计灵感的夹克衫,羊毛衣身与皮袖拼接,左臂镌刻甲骨文的"龙"字样。内衬宛如一幅精致华美的彩色刺绣,主体图案为腾云驾雾的龙形,四周缀有龙爪,下部绣有五彩云纹,呈现出"潜龙腾渊"之感。而背部则是黑色刺绣的龙爪图案,与内衬的龙爪相呼应。

 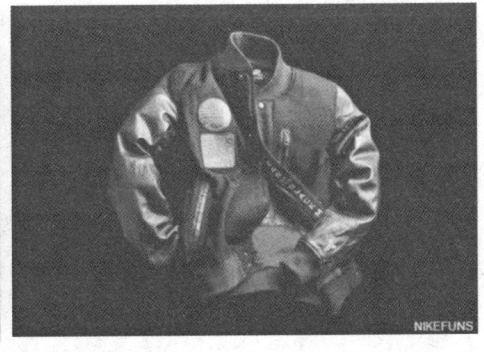

图 3-23　耐克的生肖服装

生肖主题亦谐亦庄,所以工艺上既要深入挖掘传统制造技艺,又要适用于现代工艺。"月兔捣药"这款黑色晚礼服,裙身有着花瓶布局式的"月兔捣药"镂空图案,尽管布局对称,但"古典齐整之美"的手法契合了艺术创造的一般性规律(图 3-24)。

图 3-24 "月兔捣药"礼服

时装强调的是服装和配饰的统一完整性。既然许多品牌都选择了生肖元素主题的服装,那么还得由生肖元素的配饰来做点睛衬托。

男装品牌登喜路(Dunhill)特别推出 2011 农历兔年限定配饰系列,包括银质兔子袖扣、钥匙圈、吊饰与领带(图 3-25)。兔形袖扣、手机吊饰和钥匙扣采用纯银抛光工艺制作,三维的兔子造型生动可爱。兔年领带采用重复小型图案的简洁设计,在中性感的灰蓝色系丝绸上印制出奔跑中的兔子形象,为兔年的生肖人士提供了"应景"的服饰配件。

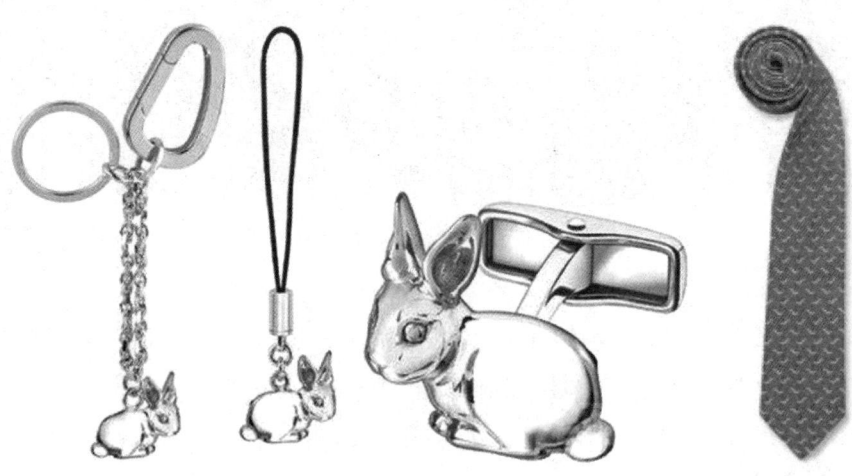

第3章 从生肖文化到生肖应用

图 3-25　登喜路兔年限定配饰系列

谭燕玉在龙年曾特别设计过一款"龙之吻"围巾,采用经过特别处理的刺绣工艺,像剪纸一般呈现抽象百变的龙形,通过巧妙的撞色拼接,将生肖文化表现得富有诗意(图 3-26)。

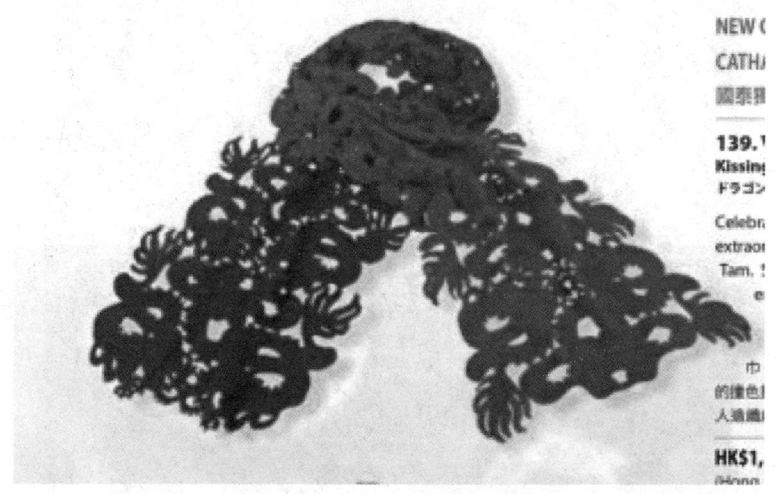

图 3-26　谭燕玉"龙之吻"围巾

十二生肖运动鞋,是众多运动品牌每年必做的主题。作为生肖系列鞋款的始祖,耐克从 2002 年开始每年推出一款生肖运动鞋,成为运动鞋迷的收藏之作

(图 3-27)。2002 马年生肖运动鞋作为耐克生肖系列的开山作,以红色为主色,鞋舌印有"马"字样,鞋垫上有骏马奔腾的图案,以点出"马到成功"的吉祥含义,后跟绣有"华"字样,显著地标明生肖鞋款的特色。2003 羊年鞋为全白配色,鞋舌以羊形作图案,配合鞋垫上"带领"二字,突出领头"羊"的地位。2004 猴年鞋以剪纸技术为灵感,将猴头图案运用在鞋侧,而左右脚的鞋垫则分别印有"戌""申"字样。2005 鸡年鞋在脚跟上以小篆体的书法字绣有"凤凰"二字,以鸟中之王凤凰代替鸡也是别有新意。2006 狗年鞋以藏獒为主题,鞋面印有藏族传统服饰的花纹,鞋带以绿松石的青色打造,后跟的"獒犬"字样与棕色毛发细节相当突出,外形十分花俏。2007 猪年鞋面以小猪皮肤的粉红色作设计,后跟加入象征猪尾的漩涡纹路,鞋垫上印有红金色猪年图案。2008 鼠年鞋后跟印有抢眼的"鼠"字样。2009 牛年鞋以牛的坚忍形象为概念,用中国军装的配色,鞋舌上印有"刻苦耐劳"字样,诠释了"牛"勤恳、踏实的精神。2010 虎年鞋以圣兽"白虎"为主题,鞋面印有虎纹图案,鞋头部分亦有毛绒皮质点缀。2011 兔年鞋以"大白兔"奶糖为灵感,乳白色的中底配以红蓝两色,与"大白兔"的包装配色一致。2012 龙年鞋以历代皇帝的"龙袍"为设计灵感,鞋舌印有腾云驾雾

图 3-27 耐克的十二生肖运动鞋

的龙形图案,鞋垫上印有云朵纹路与红色蝙蝠图案,寓意"吉祥如意"。2013 蛇年鞋以喜庆的红色为基调,多种蛇皮元素的运用遍布整鞋。2014 年是耐克连续第 12 年为中国农历新年发布特别产品,实现了耐克十二生肖全系列的完美收官。

日本第一运动品牌 On itsuka Tiger 为纪念品牌六十周年庆,从"干支"发想,结合十二生肖,特别邀请日本设计师 Takeshi Fukui 与荷兰漫画家 Erik Kriek 共同创作了十二生肖的前六生肖系列服饰与鞋款(图 3-28)。Takeshi Fukui 将刺绣和压花设计到皮革上,让鼠、牛、虎等生肖呈现手绘独有的细腻质感;Erik Kriek 则以其个性鲜明的漫画风格与鲜明色彩,绘出西方人眼中的兔、龙、蛇等生肖。

图 3-28 日本 On itsuka Tiger 品牌的生肖鞋

我们有理由说，关于生肖的研究，不仅是文化溯源的跋涉，还是现实生活的巡礼。十二生肖中的每个形象，总是给人以亲切感，为人所信赖。属相在现代生活中拥有独特的品位，世界各地许多文化都认为生肖信仰能够为生活带来好运。时装设计需发现民间文化，恰到好处地将其表现形式变为实用之物，让它们适宜地出现在我们的服饰中，带着完美祝愿走入我们的现代生活。

3.5 生肖珠宝艺术与传统吉祥文化

十二生肖与干支相连，是我国贡献给人类的特色文化产物之一，具有观天文、制历法、显时间、定方位的特点。干支反映着我国初期天文学的成就，"十二生肖"以动物配历法的设计，成为渗透力极强的传统符号。以动物为形象的历法设计，源于原始部落的动物图腾崇拜，但史籍中关于十二生肖的记载则迟至汉代才出现。东汉王充《论衡·物势篇》提出了"寅虎、戌犬、午马、子鼠、酉鸡、卯兔、亥豕、未羊、丑牛、巳蛇、申猴"十一个生肖名，加上东汉赵晔《吴越春秋》中的"辰龙"，形成了十二生肖。《后汉书·舆服志下》有云："后世圣人……见鸟兽有冠角胡之制，遂作冠冕缨蕤，以为首饰。"说明至少在两千年前，我国就有了用生肖题材做首饰的历史。

生肖题材的珠宝首饰出现于两汉时期，至唐宋达到高峰，元明时期更是中国生肖珠宝的集大成时期，官府作坊中云集了各地的珠宝大匠，生肖题材从民间进入皇室。目前，传统生肖工艺主要分布在山东、东北、华南等地，还有一些少数民族地区的生肖饰品也极具民族特色。

在历史上，我国传统的珠宝工艺里都有以生肖为题材所创作的艺术珍品。

烧蓝工艺又称点蓝工艺、烧银蓝、银珐琅，以银作胎器，敷以珐琅釉料烧制而成，常见的珐琅釉颜色有蓝、绿、红、黄、白5种，以蓝色釉料与银色相配最雅致而得名。烧蓝工艺不是一种独立的工种，而是作为一种辅助的工种以点缀、装饰、增加色彩美而出现在传统珠宝中。保留至今的最早的烧蓝实物是清雍正年间的银烧蓝八方盒，早期的烧蓝工艺品是专门由清代内务府为皇宫贵族提供服务的，直到清晚期，民间银铺才开始烧制这种银胎珐琅器皿，出现了生肖主题的烧蓝工艺品。铜银烧蓝鎏金錾飞马纹烛台和烧蓝"位列三台"牛银锁里，均用银花丝在胎上掐出马和牛的造型，再用半透明的珐琅釉料填于银胎花纹上，作品绚丽、明快，别具一格（图3-29、3-30）。当代的烧蓝工艺者对传统技术进行大胆创新，在银饰品上，将掐丝、点瓷白、画珐琅、点银蓝等技法变换位置，用烧蓝作点睛之笔,保留银饰本色,创造出别具特色的艺术效果(图3-31)。

图3-29 清代铜银烧蓝鎏金錾飞马纹烛台

图3-30 清代烧蓝"位列三台"牛银锁

图3-31 现代银烧蓝生肖马吊坠

景泰蓝,又称"铜胎掐丝珐琅",俗名"珐蓝",是北京著名的传统手工艺。明朝景泰年间盛行此工艺,它采用金银铜及多种天然矿物质为原材料,工艺师在上面作画,用铜丝依所画的图案粘出相应的花纹,再用彩色釉料镶嵌在图案中,经反复烧结,磨光镀金而成。因珐琅彩底釉多为蓝色,故名景泰蓝。景泰蓝的制作既运用了青铜和瓷器工艺,又融入了传统手工绘画和雕刻技艺,集美术、工艺、雕刻、镶嵌、玻璃熔炼、冶金等专业技术为一体,堪称中国传统工艺的集大成者(图3-32)。

图3-32 景泰蓝生肖

景泰蓝所制首饰、珠宝具有精美华贵、庄重古雅的美感。当今,掐丝珐琅工艺有所复苏,尤其是首饰、配饰中的珐琅技术获得了新生,并发展为许多知名品牌的延伸商品。上海滩(SHANGHAI TANG)出品的十二生肖钥匙坠与袖扣,融入了现代时尚的设计元素,以扁铜丝掐成各种生肖动物,把艳丽的色釉填充在动物身上烧制而成,有鲜明的中国传统风格,深受外国客户的喜爱(图3-33、图3-34)。

图3-33　SHANGHAI TANG 十二生肖珐琅吊坠

图 3-34　生肖兔的珐琅耳环

玉雕是中国最古老的雕刻工艺,至今已有七千年的历史(图 3-35)。在我国古代,玉石不仅仅是珍宝,更被当作美好事物的标志和君子风范的象征。玉石的种类非常多,工艺师在制作过程中,根据不同玉料的天然颜色和自然形状,经过精心设计、反复琢磨,经加工雕琢成为精美的工艺品,即是玉雕。玉雕作品经常被作为国礼赠送给海内外贵宾,还有就是作为装饰和摆件陈设于公共场合,也有少量小型的服饰配件如玉雕首饰、玉雕配饰等作为富有民族内涵的工艺品出现在珠宝奢侈品牌中(图 3-36)。

图 3-35　先秦时代的玉雕工艺

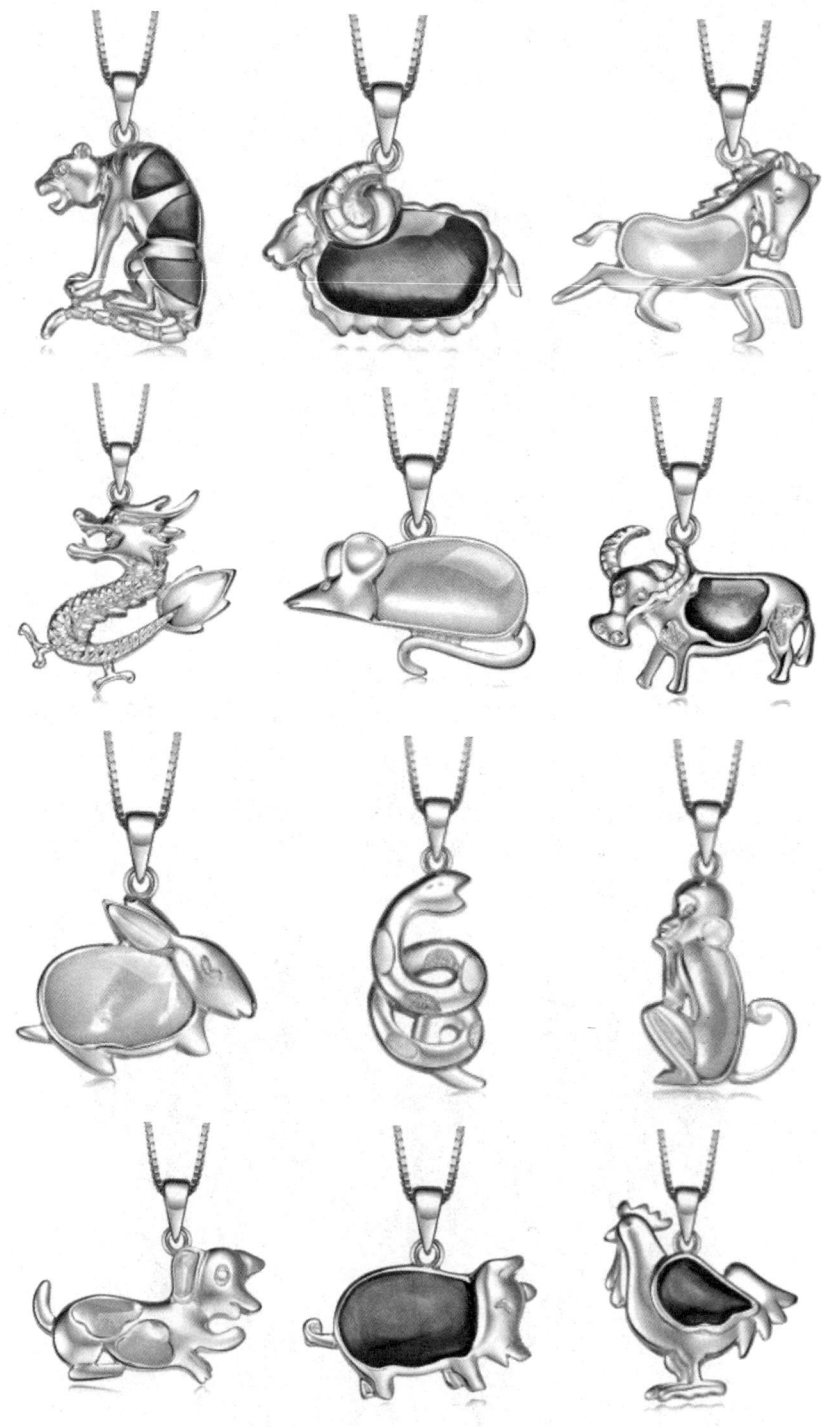

图3-36 镶嵌玛瑙玉石的十二生肖银项链

有关生肖题材的玉雕作品十分常见,但需因料施艺、剜脏去绺、化瑕为瑜、废料巧用方能成就优良的作品。富御珠宝设计了金马骑士勋章与荣誉别针,采用浮雕技术,结合玉雕工艺与珠宝镶工,勋章以阳刻的工法制作,而别针以阴刻的方式,打造出独特的先秦玉石效果,古香古色、典雅华贵,东方文明的智慧在玉器上闪烁着璀璨的光芒(图3-37)。

图3-37 富御珠宝打造的金马骑士玉雕勋章及玉雕荣誉别针

花丝镶嵌,又叫"细金工艺"。花丝镶嵌是一门传统的古代宫廷艺术,早在春秋时期就已有雏形,在明代达到了高超的艺术水平,清代有了更大的发展,成为宫廷艺术的重要组成部分,代表作品是明代的万历皇帝金冠。"花丝",指选用金、银、铜为原料,采用掐、填、攒、焊、编织、堆垒等传统技法制作;"镶嵌",以挫、锼、捶、闷、打、崩、挤、镶等技法,将金属片做成托和爪子型凹槽,再镶以珍珠、宝石,整个工艺过程复杂而且繁琐。花丝镶嵌具有明显的中国皇家特色,凝聚着能工巧匠的聪明智慧和艺术创造力。传世的明代累丝嵌宝胸针,大量运用了"花丝镶嵌"的工艺,中间的人物与马通过錾刻将图案刻出来,四周的红宝石和珍珠保守地镶嵌于镂空的地方,展示出了整个饰品的明暗感觉(图3-38)。

知名翡翠珠宝品牌"昭仪翠屋"为更好地传承花丝镶嵌这一传统手艺,不仅建立了花丝镶嵌传承基地,还

图3-38 明代累丝嵌宝石胸针,花丝镶嵌生肖马

与花丝镶嵌技艺传承人白静宜大师合作,开展花丝镶嵌高级定制业务,在同行业中获得了较高的声誉(图3-39)。

錾刻工艺比花丝镶嵌工艺的历史更加悠久,最早可追溯到夏商时期,兴盛于春秋战国时代。錾刻工艺是我国传统手工艺百花园中的一朵奇葩,它随玉石器、

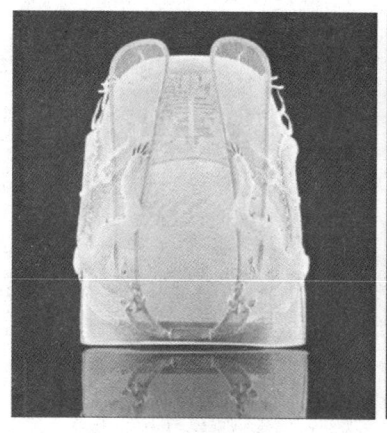
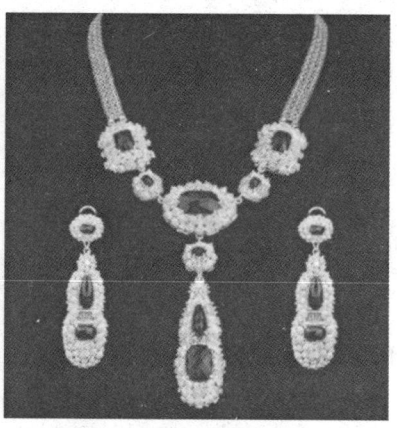

图3-39　昭仪翠屋花丝镶嵌龙冠仿制;昭仪翠屋高级定制花丝镶嵌手链;花丝镶嵌墨翠首饰

骨角器等加工技术演化而来。从出土的商周青铜器、金银器上的一些錾刻文、镶嵌和金银错等文物可知,錾刻属于我国最传统的金属雕刻艺术。錾刻工艺是在设计好器形和图案后,按照一定的工艺流程,以特制的工具和特定的技法,在金属板上加工出千变万化的浮雕状图案。因錾刻技术产生于民间,因此生肖题材在錾刻艺术品中经常出现,清代白银錾刻龙纹帽饰便是其中一例(图3-40)。

在当代珠宝配饰中,常见有生肖与中国古法錾刻工艺结合之作(图3-41)。约翰·哈迪的银质龙头戒指,錾刻技术使整条龙的肌理感和起伏感更加明显,古旧的银色带给银龙江湖霸气之质,龙身环绕戒圈,有腾跃之势,将龙年的祥瑞与腾跃融入戒身之中(图3-42至图3-44)。登喜路也采用錾刻生肖龙制作袖扣,突破了常规珠宝的品种,迎合了中国人对龙的膜拜与想象(图3-45)。

图 3-40　清代白银錾刻龙纹帽饰

图 3-41　金银错工艺十二生肖白玉吊坠（华昌珠宝）

图 3-42　约翰·哈迪（John Hardy）錾刻银龙戒指

图 3-43　John Hardy 錾刻银镶嵌紫色翡翠龙造型戒指

图 3-44 John Hardy 錾刻银镶嵌墨翠龙造型耳环

图 3-45 登喜路(Dunhill)錾刻袖扣

除以上几种传统手艺在当今重新焕发了生机之外,金属工艺和羽毛工艺完美结合的点翠如今也恢复了古法,在影视剧中得到传承;金银错作为精细度极高的金银刻镂工艺一度退出历史,但今日在工艺美术大师的努力下这一失传的工艺得到了恢复(图3-46)。总体来说,传统工艺与生肖文化的结合,古已有之。如今,国人早已对生肖烂熟于心,生肖文化也深深扎根在国人的情感和信仰中,这是一组极具中国特色的元素。但人们对常见的那些动物形象也产生了审美疲劳,生肖饰物如果造型、样式没有新意,也难以得到人们的关注。但这并不妨碍黄金钻石商年复一年打造贵金属的生肖饰物,可见这是节日馈赠礼品的好选择。

图 3-46 清代点翠龙形耳环

生肖题材的珠宝发展是有潜力的,只是有一点值得我们重视,那就是礼品的开发较热,针对春节而设计的生肖珠宝较多,例如周大福、周生生、谢瑞麟等珠宝商的生肖之作,而真正能作为生活中人们喜爱的生肖珠宝则开发得仍然不够。由此造成一种现象,就是大众日常生活中难得一见传统生肖装饰的影子,甚至对于多数老百姓来说,生肖仍是难以在生活中"相处"的陌生事物。如此下去,中国传统的吉祥纹饰——生肖则难以发扬光大。

中国的生肖配饰设计亟须走生活化的道路,生肖配饰除了作为奢侈品被大品牌用作节日限量纪念噱头之外,还应想办法走入寻常百姓家。在弘扬民间吉祥生肖文化方面,欧美品牌的做法值得我们借鉴。

许多欧美品牌开始挖掘中国的生肖文化,他们的设计往往会让人眼前一亮,生动有趣的设计形式使国人再次对生肖表现出浓厚的兴趣。欧美设计师之所以将中国生肖作为创作主题,除创新个性使然外,与生活紧密相关的设计观念起到了很大作用。

首先,昂贵珠宝的设计与制作不完全走纯艺术品的道路,而是走高端时尚用品的路线(图 3-47)。纯艺术品是难以接近的,但时尚用品则是个吸引大众的磁场,能引起人们的广泛参与和重视,波及面广。十二生肖本是民间题材,所以设计更需贴近大众的习惯与爱好。

图 3-47 帕洛玛·毕加索蒂芙尼(Tiffany)珠宝之 18k 金镶红色珐琅面吊饰和 18k 金镶钻生肖兔手链

香港设计师陈瑞麟的麒麟珠宝,推出了一套全新的生肖系列——"Lucky 12"项链与手链(图 3-48、3-49)。设计师从故宫御花园甬道上石子铺成的十二生肖图案获得灵感,把传统民俗与奢华石材相糅合,设计了一套生肖珠宝。十二个小动物生动灵巧,形象极富活力,采用白金镶钻工艺,展现了亲和力和日用化的功能。

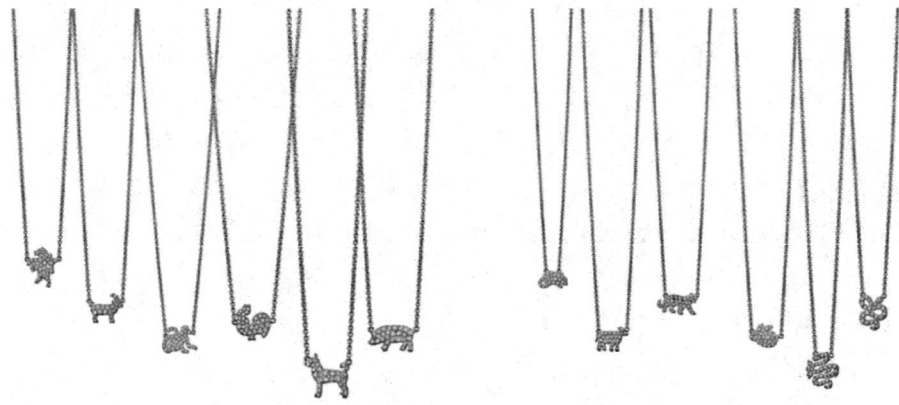

图 3-48　麒麟珠宝(Qeelin)的十二生肖项链系列

图 3-49　麒麟珠宝(Qeelin)的十二生肖手链

古老而深邃的生肖元素也早已进入瑞士钟表品牌的纪念产品中。伯爵、宝玑、宝珀等名表都推出了十二生肖手表。

全球最古老的钟表品牌宝珀(Blancpain)在巴塞尔钟表珠宝展上为中国市场带来了中华年历表,将中国古老的传统"干支"纪年与历法完美运行于腕表之上,超越了简单使用图腾或中国字的观念,只要键入公历年份与时间,表盘上便同时显示时间、公历日期、农历月份和日期、农历时辰、年份生肖、年份天干和月相。这一中西文化的智慧融合,攻克了中华年历历制不规律的难题,解决了太阳历与中国农历的显示问题,同时融合了与中国历法息息相关的月相盈亏功能,可谓钟表界的里程碑之作(图 3-50)。

第3章 从生肖文化到生肖应用

图3-50　宝珀(Blancpain)将中国古老的传统干支纪年与历法完美运用于腕表之上

伯爵(Piaget)十二生肖腕表的设计灵感源自于一个个栩栩如生的生肖形象。黑玛瑙制成的表盘神秘深邃,十二生肖以钻石镶嵌成形,红宝石作为点缀。生肖形象的设计装饰风格明晰,颇具审美意味。加之贵金属、珠宝等材质的精妙应用,也使得这一生肖系列腕表颇有收藏价值(图3-51)。

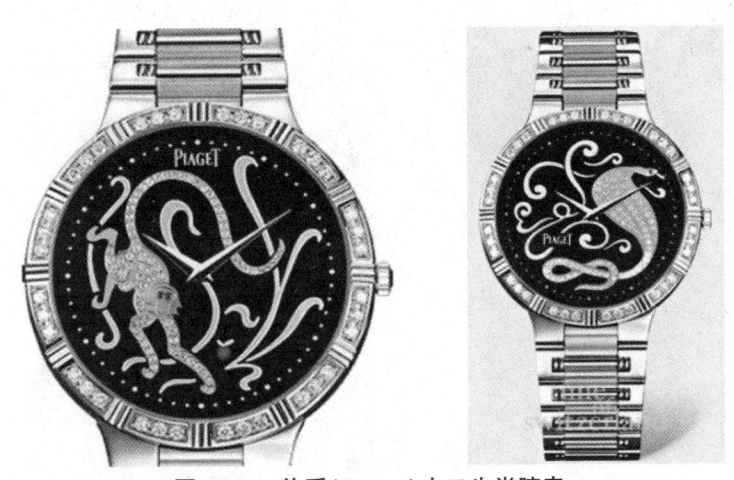

图3-51　伯爵(Piaget)十二生肖腕表

其次,用印染或熟练工种做成的生肖日用品虽然价格低廉,但同样美观、实用。

斯沃琪(Swatch)每年都以"生肖"为主题,设计一款中国新年生肖腕表。狗年来临时,黑白色卡通狗是腕表的主角,彩色缤纷的表带上饰有各种彩色图案和符号,以诠释中国文化的方方面面(图3-52)。

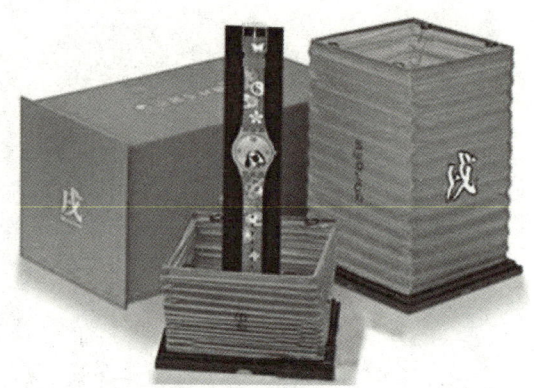

图3-52　斯沃琪(Swatch)狗年生肖腕表

斯沃琪兔年生肖腕表由台湾绘本画家几米老师设计,粉色硅胶表里一只活泼的黑色灵兔跳跃在点缀着绚丽花朵的喜乐世界中,浪漫而梦幻,设计师以其独有的细腻、浪漫、梦幻与多彩的画作风格赋予了腕表独具个性的艺术风格,为消费者献上"来年跳跃更高,收获更多"的吉庆寓意(图3-53)。

图3-53　斯沃琪(Swatch)兔年生肖腕表

斯沃琪龙年生肖腕表采用了中国古典的青花瓷元素,在硅胶表带上勾勒出精致且形态优雅的蓝色中国龙,龙与瓷这两个中华民族引以为豪的元素完美结合,表盘中还印有龙的繁体字"龍"(图3-54)。

图 3-54　斯沃琪(Swatch)龙年生肖腕表

斯沃琪蛇年生肖特别款,采用富有特色的蛇形指针,青蛇与白蛇指针代表着中国一千多年前的那个白蛇传说,讲述了仁善、感恩、报德、勇气和真爱的故事(图 3-55)。独特的白色硅胶表带上多彩灵蛇蜿蜒而过的图案预示着蛇年的到来,为人们奉上美好的寓意和祝福。

此外,新年是中国最重要的节日,商家纷纷以特殊的方式庆祝新年——推出以"生肖"为主题的特别款。用动物来命名某一年是中国记录年份的一种特殊方式,而代表某一年的动物则带有幸运和吉祥的喻义,创作者借用这一特殊的喻义作为创作的灵感,用生肖主题带来中国独有的新年问候(图 3-56)。

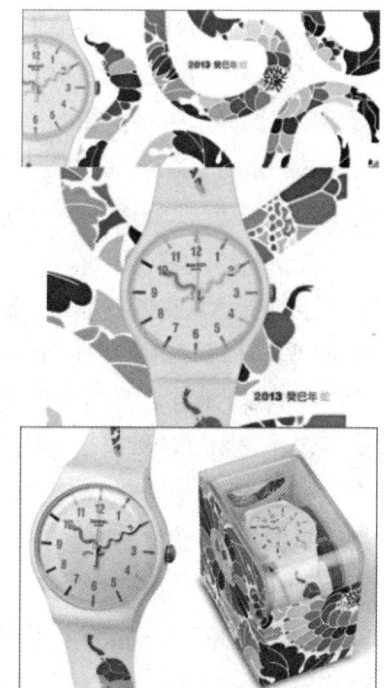

图 3-55　斯沃琪(Swatch)蛇年生肖腕表

图 3-56　施华洛世奇(Swarovski) Chinese Zodiac 生肖摆件

龙年之际,世界各大品牌就追赶热潮,纷纷推出以"龙"为主题的限量纪念产品(图3-57)。美国皮具品牌Coach与我国艺术家张岚合作,设计了多款辰龙纪念包。游龙以传统的笔墨风格印在包面上,姿态清晰生动,颇为抢眼。意大利奢侈品牌Versace的龙年特别珍藏款女装手袋十分醒目,立体龙头流苏的吊饰和宝石出现在磨砂金色手挽袋上,手工刻绣精细,犹如图腾般霸气、威风。意大利奢侈品牌Salvatore Ferragamo突出三款限量版龙年手袋,包括手袋以及钱夹,手袋上印有采用中国传统刺绣工艺的飞龙和莲花图案,还有精致的金属龙扣,每一款全球仅限几十只。诺基亚旗下奢侈品手机Vertu以三款不同配色的手机来庆祝龙年,每款手机上的龙腾图案都是纯金打制。世界顶级豪华轿车劳斯莱斯龙年限量版"幻影"豪车,车身上的金色手绘龙图腾、车枕精致的刺绣龙、仪表盘的龙镶金嵌装饰以及刻有"2012龙年"的荧光踏板,为生肖平添了更多霸气、辉煌的色彩气质。Nike的生肖运动鞋鞋舌上印了龙图案,夹克的内衬也绣有龙图案。

到了2013年,世界各大品牌继续追赶中国文化热潮就一点不奇怪了,为了庆祝中国年,奢侈品牌纷纷推出以"蛇"为主题的限量版纪念产品。顶级腕表制造商如江诗丹顿(Vacheron Constantin)、伯爵(Piaget)、沛纳海(Officine Panerai)、萧邦(Chopard)和梵德宝(Van Der Bauwede)同时发行了独特的"蛇肖纪念版"腕表,以表达对蛇年的敬意。沛纳海推出Luminor Sealand蛇年腕表,限量100枚。设计源于中国传统剪纸艺术之灵感,蛇图案由顶级工匠手刻在表盖外层,工序繁复,灵蛇在草丛的巢穴中探头张望,刻有"蛇"字的圆形的纹章,栩栩如生地勾勒出生肖年的符号。而且,博柏利(Burberry)、路易·威登(Louis Vuitton)、古驰(Gucci)、罗伯特·卡沃利(Roberto Cavalli)和朱迪思·雷伯(Judith Leiber)也纷纷推出奢华的蛇皮手包(图3-58至图3-63)。

第3章 从生肖文化到生肖应用

图 3-57 龙年的生肖主题限量纪念品

图 3-58 Burberry 蟒蛇皮、马勒皮革奥查德手袋与蟒蛇皮保龄球包

图 3-59　Burberry 蟒蛇皮手拿包与金属质感蟒蛇皮手拿包

图 3-60　GUCCI 亮面蟒蛇皮肩背包与蟒蛇皮手提包

图 3-61　GUCCI 蟒蛇皮购物袋

图 3-62　Officine Panerai 蛇腕表(左图);Judith Leiber 蛇形手包(右图)

第 3 章 从生肖文化到生肖应用

图 3-63　江诗丹顿(Vacheron Constantin)蛇年腕表

在中国传统文化中,"龙"具有吉祥福祉的寓意,所以许多品牌都以"龙"做文章。但是"蛇"却比较敏感,带有复杂的意味。无论中国还是西方,蛇常被看做是冷血动物,使人联想到狡猾与罪恶。与蛇有关的中国成语里,蛇常带有负面的色彩;西方虽然有伊甸园里引诱罪行的蛇、希腊神话里的蛇女美杜莎,还有哈利·波特故事中的执蛇伏地魔,但这并没有阻止他们的奢侈品设计对"蛇"的兴趣。罗马珠宝品牌宝格丽(Bulgari)以蛇作为品牌标志,并赋予蛇以智慧、生命与优雅的象征。在蛇年来临时,宝格丽将蛇文化进行了提升,并开展了相关的宣传活动。在上海、北京、东京、纽约和罗马的专卖店外,都安装了大型灵蛇艺术装置——炫目的 LED 灯光组合成飞舞的蛇,为其平添了更加霸气、辉煌的色彩气质(图 3-64)。

图 3-64　宝格丽的蛇年文化

不可否认,十二生肖之所以如此"畅销",原因是它的内涵早已大过形式。生肖神兽那避邪迎祥的精神力量与福善寓意的美好祝福深刻根植在国人的印象里,生肖动物同时集历法纪年、能量平衡、精神信仰于一体,似乎能带来说不出的神秘力量,吸引着我们不断去注解。如何在现代生活中营造一种浓郁的生肖文化氛围,使国人对本国的生肖装饰有近距离的文化认同感,这是我们作为设计师应重视的问题。用生肖作主题设计配饰品,是解决这一问题的方式之一。

3.6 传统生肖元素的现代设计表达

如何让中华民族优秀的生肖民俗,走入今天国人的服饰文化当中,"变身"为时尚的元素,继而形成产业开发呢?我们可以从以下几个方面来探讨。

首先,生肖元素如何使用?当把生肖元素当作设计素材时,要考虑到生肖的视觉表达与其背后的意义世界保持密切关系。生肖的十二种动物鼠、牛、虎、兔、龙、蛇、马、羊、猴、鸡、狗、猪,既作为纪岁用(子鼠、丑牛、寅虎、卯兔、辰龙、巳蛇、午马、未羊、申猴、酉鸡、戌狗、亥猪),又为二十八星宿的方位所用(东方的亢金龙、房日兔、尾火虎;南方的鬼金羊、星日马、翼火蛇;西方的娄金狗、昴日鸡、觜火猴;北方的牛金牛、虚日鼠、室火猪)。无论纪岁还是方位,这些动物均被"阴阳五行说"幻化为十二个符号,它们虽为动物,却不再是动物学意义上的"动物",而是抽象化了的符号。比如1998年农历戊寅年南非发行的生肖邮票,图案采用中国剪纸的形式,老虎回头仰望"寅"字,明显是生肖年的主题——地支与动物的结合。相比之下,红色剪纸里的老虎虽不失野兽霸气,但也只是一幅祈求神兽降福的"老虎下山"图案。两只老虎背后的意义世界全然不同(图3-65)。

由此可见,动物与地支关联以后方为生肖。那么,是否在表达生肖时,都要采取动物与文字相结合的形式呢?也不全然如此。例如,当十二生肖集体出现时,它们的内涵不言而喻,在使用时就不必增加地支的元素。但是,当每个生肖单独出现时,因为它们本身还包含生肖文化之外的固有意义,在使用时就需要加以地支陪衬。例如,虚拟中的龙,作为我们民族发祥和文化肇端的象征,让人引起的联想一般是至高的权力和帝王的象征,人们看到龙的图形时,首先想到的是国家权威的象征。再因为古代民间的龙崇拜,联系到行云布雨的治水龙王,而后,才会联系到生肖上来。鉴于它强大的吉祥意义,在使用这类元素时,

第3章　从生肖文化到生肖应用

图 3-65　寅虎与老虎

图 3-66　戊辰年民俗布艺龙

既要尊重它的固定寓意，又要增强它的生肖色彩。例如我国1988年戊辰年发行的龙生肖邮票，用很具本土民俗化的布贴工艺装点龙身，造型生动可爱还可亲，比起天坛九龙壁上象征皇权富贵的龙，更多了一份与人的亲和力（图3-66）。

当然，在设计时，也不必过分小心翼翼，大多数生肖动物正是借助于人们自由美好的想象力和吉祥寓意，才至今仍保持如此旺盛的生命力。例如，"老鼠嫁女"有生殖崇拜的含义，"三阳开泰"是传统吉祥的话语，这些不计其数的吉祥图案和吉祥文化进入人们的生活中，与生肖的本义结合，再加之各式抽象纹样以及民间手工艺、水墨画、书法等传统元素，变化自由，可塑性很强。Shanghai Tang（上海滩）品牌曾多次运用龙形设计男装，在2006年设计的春夏衬衫中（图3-67），设计师用了青色双龙图案和立领两个元素，不仅在视觉认知上有鲜明的中华文化印记，而且在青灰色的竖条纹棉质衬衫上切合素雅的设计主题，这一设计简单轻松，是成功的案例。但中国男模所穿的另一款立领衬衫，佩戴了西式腰封，腰封上装饰有盘扣、回形纹、书法"龙"、四行题字和印章,这样多的复杂元素集中在腰部,除了强调一大堆中国元素之外,并没有传达出背后的意义来,这样浮华的一勺烩似乎有一些流于表面。正如葛兆光教授所说:"如果我们把一些中国的象征都只是当作元素,我们感觉有一点像食品添加剂——现在好像不太主张用食品添加剂吧?如果把这些东西变成小挂件,当做一些装饰性的小东西搁在上面的话,有可能就像人家形容宋词时讲的,拆碎下来不成片断,所以我始终觉得,中国象征也好,中国元素也好,更重要的是背后有更长的历史精神贯穿,没有这个精神贯穿,表面上样样都是中国,内涵恰恰不是中国。"

图 3-67　两种用法的龙元素衬衫

在服装设计应用中,生肖元素应考虑与中国古代工艺设计思想统一风格。中规中矩的儒学与自由随意的道家形成了两种不同的传统设计风格,两者对立补充,使得中国的服装设计思想发展为道家清静无为的道德准则和儒家封闭含蓄相结合的文化特征。中国传统服装艺术具有重意境、自然含蓄的特点,与中国画、中国建筑一样,其藏而不露、含蓄矜持的艺术表现方式,为生肖的图形设计注入了独特的精髓。生肖元素在自由发挥的同时,越是将图形设计得精小,越是显得雅致不俗;越是让其"包藏"于面料、结构之中,越发具有东方文化的意趣。"小即是美"的原理不失为一种成功的做法。尤其是那些不经常作为服装装饰图案出现的子鼠、巳蛇等,因为其本身的动物特性会带给一些人不舒服的心理感受,更是不可大肆用于服装,巧妙、含蓄地设计在不那么显眼的位置上,反而增强了它的艺术性。

除了让生肖动物完整出现之外,还可以用现代的手法,只表达生肖动物的某些特征,如肌理、色彩、材质感等,在创意上尽情自由发挥,充分释放它们本身的形式美感。例如,Roberto Cavalli 和 Prada 都曾在生肖年借鉴一些生肖话题,取其局部元素展开设计(图3-68)。设计师赋予这些动物元素现代的形式感,形成了别具中国趣味的设计风格。适度增添时尚元素,从而让古老传统获得新生。

图 3-68 Roberto Cavalli 和 Prada 的蛇年设计作品

另外,制衣过程也可与生肖文化相结合。儒家思想为古代的服装提供了设计的宗旨,阴阳五行的天时观为服装设计定下了具体的模式。以先秦时代的深衣为例,它分上衣、下裳两部分,象征两仪;上衣用布四幅,象征一年四季;下裳用布十二幅,象征一年十二月。身穿深衣,能体现天道之圆融,怀抱地道之方正,身合人间之正道,行动进退合乎权衡规矩,生活起居顺应四时之序。民国时期,作为中国新的民族服装,中山装亦包含了丰富的政治思想:衣服外的四个口袋代表"国之四维"(即礼、义、廉、耻),前襟的五粒纽扣和五个口袋(一个在内侧)分别表示五权宪法学说[行政权、立法权、司法权、考试权、监察权,另外监察权体现在领口(纽扣)和内侧(口袋),以彰显监察权的人民监督作用];衣领为翻领封闭式,表示严谨的治国理念;衣袋上面弧形中间突出的袋盖,笔山形代表重视知识分子，背部不缝缝，表示国家和平统一之大义。

基于这种国人所追求的"中、全、和"的制衣方法，如果在裁剪时，考虑到将生肖的"十二"作为衣片的数量，在布局时考虑到富有层次感和对称性，将十二生肖注重系统规划的观念运用到服装的结构中，可与西方的现代剪裁方式形成别有意味的对照。

从地支与动物的对应关系，可以窥见生肖文化的博大精深，它既盘根错节，又能够融会贯通，形成体系。生肖元素作为服装设计的资源，除了可以作为视觉图形、裁剪结构外，更重要的还是一种可挖掘、可弘扬的文化资源。生肖文化的思想在我国形成，其外化的形式也比较突出（春节时），但我们对生肖民俗与时尚的结合，总是不尽如人意。生肖作为传统元素，特别是在服饰上，并没有真正走进我们的生活之中。上海文化研究中心巫志南曾指出："如果不能让'活化'的中华元素进入日常生活，那么它将逐渐失去意义。"与生活脱节的传统是单薄无力的，民间生肖文化不应走向孤立自守，而应通过自主地适应，把现代设计理念与传统艺术范式糅合，诠释、演绎出新式传统。这样的传统一旦出现，必然让人眼前一亮。

因此，我们既可以把生肖元素当作服装设计的视觉符号素材来理解，也可以把生肖元素当作是能够体现我们这个时代特征的文化形象，以及能够作为我们的文化传统加以传承。我们现在需要的是能够立足当代、具有设计竞争实力的产品，根据现代生活的需要来进行传统的再创造，只有这样，我们的设计之路才会越走越宽，才会真正设计出具有当代中国软实力的好作品。

第4章　生肖主题的服饰设计

4.1 "镜窥中国":中国文化对设计的影响

中国文化影响现代时装的设计行之有年。被誉为时尚界奥斯卡的 Met Ball（纽约大都会艺术博物馆慈善舞会），其 2015 年的主题就跟中国有关。除了人们不断刷屏"中国风"的红毯秀之外，重头戏"镜窥中国（China: Through the Looking Glass）"展览更让人大饱眼福，瞩目度现已超过了 2011 年那场名噪一时的"亚历山大·麦昆:野性之美（Alexander McQueen: Savage Beauty）"。展览在美国大都会博物馆的中国艺术展区（Chinese Galleries）和安娜·温图尔时装中心（Anna Wintour Costume Center）举行，展出了 130 余件解构东西方文化碰撞与融合的高级时装和成衣作品，同时还配合展出了中国的绘画、玉器、漆器、景泰蓝和青花瓷等传统工艺珍品。王家卫导演作为艺术总监,邀请张叔平担任造型指导，用电影元素来催生创作与想象，将东方文化浓郁的中国电影掺入展览形态，现场营造的光影氛围与服饰互相应和，令中国元素时装演绎出神秘、凝粹的艺术美感。负责人 Andrew Bolton 在谈到这场展览举办的初衷时说:"西方世界对中国的兴趣正在一步步加强，并且中国文化对西方的影响也达到了前所未有的程度，这场展览是想探究中国的设计美学对设计师们产生的影响。与此同时，也想表达服饰和装饰艺术如何让百年来的东西方文化交流具体化。它们证明了神秘物件和图案的持续性的魅力。"这是一个强烈的时尚信号:超过 100 件灵感来自中国风尚的各品牌时装和成衣被展出，其中包括 Tom Ford 为 Yves Saint Laurent 设计的服饰，Marc Jacobs 为 Louis Vuitton 设计的服饰，Alexander McQueen 为 Givenchy 设计的服饰和 Maria Grazia Chiuri and Pierpaolo Piccioli 为 Valentino 设计的服饰，此外还有 Anna Sui 和 Dries van Noten 等。很显然中国以及中国潜在的市场，已受到西方设计师的大量关注。

值得一提的是，这场特展中有四位华裔及华人设计师的作品:吴季刚（Jason Wu）、郭培、许建树（Laurence Xu）、谭燕玉（Vivienne Tam）。他们作为横跨东西方文化的设计者，对中国元素有着更为清醒的文化认知。之所以"镜窥"，王家卫有自己的解释："东方的月亮投入西方的水镜之中，呈现出来的不一定是现实，却是种不一般的审美。与其把它称为镜子，倒不如说它更像是个窗口。"策展人安德鲁·波顿亦重申了这一印象："这里面的中国自然并不完全是现实，而是西方设计师脑海中产生的幻象、浪漫以及怀旧情怀。"

但综观国内遍地开花的"中国风"式时尚，不尽如人意之处比比皆是。中国女明星在国外出席活动的红毯装为了强调民族特色，选择清一色的"中西合璧"，中国传统符号大量堆砌，中西元素混杂拼贴。例如早年参加柏林电影节时范冰冰以"踏雪寻梅""年年有余""丹凤朝阳"三套堆砌着中国元素的礼服亮相国际，虽中国元素目不暇接，但好评寥寥。过分专注于"中国表达"，礼服元素的繁琐和命名的牵强，所谓"看图说话"式的设计而没有找到民族性和世界性的相交点，这种编码与解码的偏差造成了文化传播的失效。无独有偶，李冰冰也曾穿着一袭白裙亮相柏林，而裙上装饰的都是大大小小的"福"字，这个形象的寓意本为国家祈福，但使用这种国人都不能苟同的设计语法进行国际表达，其传播效果可想而知。

同样是"中国风"，国内外的设计差异为何如此鲜明？我们在设计方法上是否需要改进？

只是单纯地完全将传统文化原汁原味地挪用，这并不能达到演绎传统文化的效果，只有将传统文化的内容和现代通用的语言相结合才能达到最佳的设计效果，如果只是自我命名、自我确认，完全不考虑他人能否理解和接受，那么这种设计只是哗众取宠，也难以形成长久的吸引力。那些简单地拼贴一些传统符号，停留在"看图说话"的层面，"卖弄传统元素"的方法对于现代设计来说并不奏效。而近年来一些现代感的中国风设计如"上海滩""夏姿陈"则更具美感，展示更加多维，在不断地创新和超越中实现中国文化符号的现代性重构。由此足见对于传统文化的现代型转化，"与当代的对接和缝合"尤为重要。

"镜窥中国"展区"Chioiseri"一词源于法语Chinois，译为Chinese，这里展现了从17到18世纪中期古老的东方在西方人眼中神秘与浪漫的镜像。第一款展品（图4-1左）是Chanel品牌1996年秋冬高定系列，出自老佛爷Karl Lagerfeld之手。该作品灵感基于康朋街31号Chanel寓所里的中国屏风。Chanel女士这样表达过对它们的喜爱："从18岁起，我就爱上中国屏风，当我进入一间中国古董店，我差点开心到晕倒，那是我第一次看见中国屏风，也是我第一次收藏中国屏风。"她与挚爱Boy Capel一起发现了中国乌木屏风之美，一生收藏了32面中国乌木漆面屏风。这款套装便再现了填漆螺钿、八宝镶嵌的屏风工艺,以人物、宝塔、亭子、虫鱼鸟树以及栩栩如生的风景为图案主题,体现出设计师对中国艺术的独特理解。

图 4-1　Chanel 品牌 1996 年秋冬高定系列

图 4-1 右侧这两款同样出自 Chanel 1996 年秋冬系列,款式虽中规中矩,但以富丽迷幻的插屏花纹为布料肌理,这无疑是 Chanel 当年融贯中西的看家本事。那些神话、帝皇和山水图案密密麻麻,充满了紫禁城油画般的鲜红与金黄,你总能感觉出它想掏空一切来表现,生怕你错失它的一点儿精彩。它拒绝内敛,爱表现的气质是那么的欧化,尽管它细密拥挤,尽管它的中国元素多到目不暇接。

图 4-2　左:Tom Ford for YSL 2004 秋冬成衣系列;右:Christian Dior 1955 年作品

图4-2左边这件成衣出自YSL品牌创意总监Tom Ford之手。1977年Yves Saint Laurent到中国旅行后,深受中国文化触动,此后中国系列成为品牌的重要组成部分。Tom Ford向大师致敬,在离开YSL时的最后一季成衣发布——2004秋冬成衣系列中,以宝塔肩和旗袍的造型为灵感,表达出中国元素的形态美感。其中宝塔肩的设计来源于中国式宝塔的飞檐。图4-2右边是法国时装设计师Christian Dior 1955年的作品,延续了18世纪洛可可的经典元素:在陶瓷、花鸟纹样、扇面、流水线条等极柔软的中国曲线造型中汲取灵感,款式上稍微西化一些,小短裙,圆领的小洋装,Dior式包肩,但都能隐隐约约捕捉到东方式的优雅色彩。

"Perfume"展区的服装被放置在瓶瓶罐罐之间,因为它不是这次展会最终追求的东西,此处的主角是以中国元素为灵感或原型而设计的香水与香水瓶。Paul Poiret曾提出"时装与香水"结合的概念,他以中国为灵感设计了香水Nuit de Chine(图4-3)。而Callot Souers的香水瓶最不寻常,她们以清代三寸金莲为香水瓶的原型,在嗅觉上不断酝酿暗香浮动,提供了更多诱人的东方神秘感。

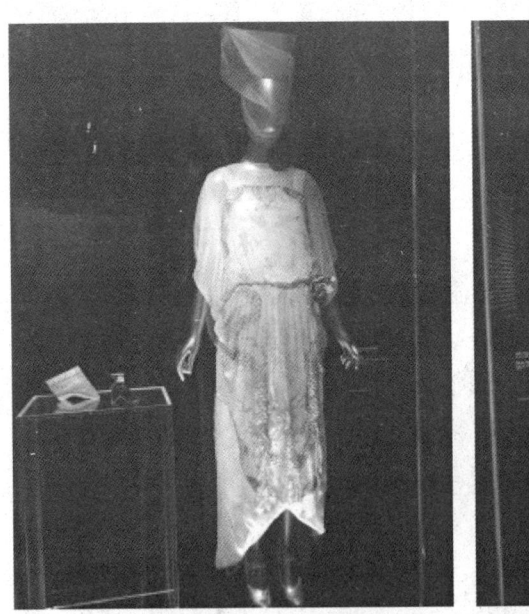 

图4-3 左:Paul Poiret以中国为灵感设计了香水Nuit de Chine;右:Jean Patou设计的这款香水"JOY"从中国十八世纪的鼻烟壶汲取了灵感

20世纪,敦煌藏经洞的大发现引起西方时装设计师的兴趣,他们开始从中国文化中寻找灵感,同时,高级定制与香氛制造开始联姻,香水也"接地气"地披上了中国趣味的"时装外衣"。20年代Jean Patou设计的这款香水"JOY"(图4

-3),瓶身由 Louis Fin 设计,圆润、饱满的造型从中国十八世纪的鼻烟壶汲取了灵感,血红的盖子与黝黑的瓶身极力表现设计中的绚丽与精致。衬托之下的女装也属于 Jean Patou20 世纪 20 年代"中国风"的作品。

青花瓷作为典型的中国元素一直不断被西方人所表现。展区"Blue & White Porcelain"是以浓淡古雅的白地青花瓷为创作灵感的作品展示,Karl Lagerfeld、Alexander McQueen、Roberto Cavalli 和 Ralph Lauren 等都曾在那有如水墨画般的青花世界里进行过风格化的演绎,令青花瓷元素展现出别具一格的摩登美感(图 4-4)。Chanel 老佛爷 Karl Lagerfeld 1984 年春夏的青花珠饰晚礼服作品(图 4-5),整体造型脱胎于青花瓷瓶,周身均以白色真丝塔夫绸配以蓝、白水晶珠绣,还原了完整的青花瓷器形象。

图 4-4 青花瓷作为典型的中国元素一直不断被西方人所表现

图 4-5 Karl Lagerfeld 1984 年春夏的青花珠饰晚礼服作品

对于熟悉时尚的人来说，意大利品牌 Roberto Cavalli 2005 秋冬发布的这款青花瓷印花礼服真正体现了一种好品位，被 Victoria Beckham 一穿走红（图 4-6）。旗袍式胴体凸显紧致效果，下摆宽松好似鱼尾，青花纹饰处理得疏密得当，与明宣德的青花龙纹大罐简直异曲同工，不禁让人赞叹中西风格的完美交融。中国设计师郭培 2010 年高定秀"一千零二夜"中的青花瓷作品也在此次展览中亮相（图 4-7）。这款礼服的图案强调中国传统的边饰效果，而在作品的廓形、剪裁和工艺上，均采用了西方礼服的表现手法。

图 4-6 Roberto Cavalli 2005 秋冬青花瓷印花礼服

图 4-7 郭培 2010 年高定秀"一千零二夜"中的青花瓷作品

青花瓷+白蕾丝——来自 Alexander McQueen 品牌设计师 Sarah Burton 的作品。在颈部和上身用各种真实的瓷器、瓷片拼制而成，裙身使用大量柔软的层层叠叠的雪纺，精致的手工缝纫，堪称瓷器与时装的完美结合。2013 年是青花瓷"肆虐"时尚圈的一年。意大利设计师 Giambattista Valli 2013 秋冬高定的灵感便是瓷器,以不同国家的瓷器产地作为秀的主题词(图4-8)。这款蓝白相间的印花刺绣外套,全身印有青花瓷花纹,同色调叠加的刺绣立体装饰,如此茂盛宛如真物,让人热血沸腾。

图4-8 Giambattista Valli 2013秋冬高定的青花瓷花纹刺绣外套

图4-9 左:Valentino 1968秋冬系列中的青花瓷风格长裙;右:John Galliano 为 Dior 设计的2009年春夏高级定制青花瓷作品

Valentino 与中国的情分不浅,这件出现在 1968 秋冬系列中的青花瓷风格的长裙(图 4-9 左),仔细看它的印花纹理可知是来自巴洛克的浮雕图案。但是在这里,俨然是一幅中国风的主题,青花瓷的颜色和装饰被很好地运用其中,Valentino 想要表达的不是一个对厚重历史的追溯,而是来自当代的轻纱薄雾般的共鸣。John Galliano 为 Dior 设计的 2009 年春夏高级定制作品(图 4-9 右),设计上受到青花瓷和装饰艺术风潮的启发,充分运用了青花瓷一袭青兰明暗重色缘边的图样,将其贯穿隐匿于裙底之内。裙面亦运用了白瓷色的维多利亚样式大蓬裙,遍体饰网眼纽花,在西方裁剪轮廓下透露出东方装饰的独特风韵。

也许很多人不知道,Christian Dior 先生本人很喜欢用中国元素。1948 年,他设计过以"中国""北京""上海"命名的造型。后来他又设计了"中国之夜""中国蓝""香港""中国风"等造型。1951 年他以诗人张旭《肚痛帖》(清拓本)为灵感设计的这款剪裁简约的连衣裙(图 4-10),明显带有 Dior"New Look"风格,背后的那份中国人文精神令人神迷。对西方设计师来说,中国元素向来极富魅力,"笔走龙蛇、飞白间出"的书法也成为中国文化美的内涵,被融入现代服饰设计中。1956 年 Chanel 女士设计的这件连衣裙同样以书法为创作灵感(图 4-10),由此我们能更好地感知 Chanel 女士内心对这份中国艺术的陶醉之情。

图 4-10　左一、二:Christian Dior 1951 年以诗人张旭《肚痛帖》为灵感设计的连衣裙;
右一:Chanel 1956 年设计的连衣裙同样以书法为创作灵感

Alexander McQueen 也从中国的历史文化和服饰中汲取灵感,融入到自己的设计之中。2006 秋冬的这款复古裙深受中国宫廷花鸟绘画的审美影响(图 4-

11),19 世纪维多利亚风格的古旧宫廷服装成了 McQueen 追溯中国风情的最好画布,富有浓厚的东方神秘色彩。

图 4-11　Alexander McQueen2006 秋冬复古裙深受中国宫廷花鸟绘画的审美影响

红色是中国传统文化的吉祥色,传递着恒久的喜庆气息。这次展览中,有一个房间被布置成了鲜明的中国色——大红色的基调,服装由 Valentino 2013 年"上海"系列出品。这是创意总监 Maria Grazia Chiuri 和 Pierpaolo Piccioli 设计的一个独立完整系列(图 4-12),以红色蕾丝与珠绣呈现了最令人心动的中国红,同时也是最经典的 Valentino 红。身后陈设的明代家具是中国文化的另一个符号,墙上循环放映着张艺谋的《大红灯笼高高挂》和陈凯歌的《霸王别姬》等中国电影。

大都会博物馆原本的中国古代花园展区,被改造成了一个月影荷塘的景致,主要展出 John Galliano 在 Dior 设计的 2003 年高级定制作品(图 4-13)。Galliano 常说旅行是设计的重要来源。2002 年他为了感受最地道的中国文化,到中国旅行了三周,中国的颜色给他留下了深刻的印象:夜上海的霓虹,橘色的太阳与灰蒙蒙的北京,红色庙宇蓝绿色的屋瓦,农妇身穿的少数民族服装,这些景色对 Galliano 来说既真实又虚幻。游览了中国以后他又去了日本,所以中日

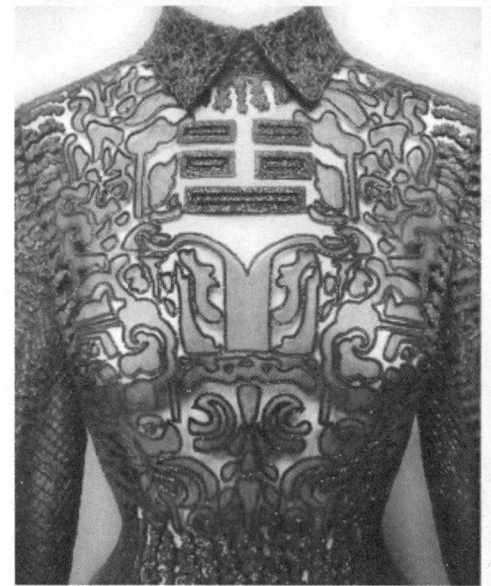

图 4-12　Valentino 2013 年"上海"系列出品

两种文化成了本系列作品的催化剂。他的作品在服装层次、纹路剪裁、针线缝纫技巧以及色彩搭配的处理方面，蕴含着中国戏剧服装的仪式和传统，如

Galliano 所言:"戏剧我一个词也听不懂,但是视觉上的一切我都记下了。"

图 4-13　John Galliano 为 Dior 设计的 2003 年高级定制作品

"Anna May Wong 黄柳霜"主题展区,以 1930-1940 年代第一位美籍华人、好莱坞影星黄柳霜出演的电影作为灵感的主要来源。黄柳霜在好莱坞星光大道上与李小龙、成龙相提并论,演艺事业跨越了默片、有声片、电视剧、舞台剧以及广播剧,她表现出的诱惑与神秘充满了力量,令设计师们着迷。在美国设计师 Ralph Lauren 2011 年的作品中,有一件背部缠绕飞龙刺绣图案的礼裙(图 4-14),让人联想到黄柳霜在电影 *Daughter of the Dragon* (1931)里穿的戏装。黄柳霜也是英国设计师 Paul Smith 2011 秋冬系列的灵感来源之一(图 4-15),这款花朵刺绣图案连衣裙感觉与以往 Smith 的英伦风完全不同,看起来有那么一丝眼熟。中国文化的渗入并不牵强,这也是 Smith 叛逆精神和英式幽默的体现。

图4-14　左:"Anna May Wong 黄柳霜"主题展区;右:Ralph Lauren2011 年作品

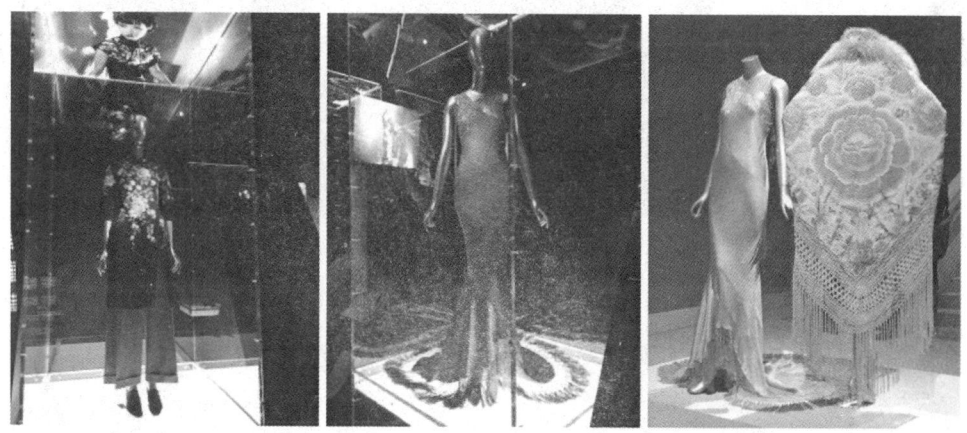

图4-15　左:Paul Smith2011 秋冬系列;右:John Galliano 1997 年 Dior 首秀的洋红色礼服

　　John Galliano 在 Christian Dior 的第一个高级定制系列(1997年春季)便受到中国的启发,其中两件从中式披肩演化而来的礼服广受关注:一条是 Nicole Kidman 在参加1997年奥斯卡颁奖典礼时身穿的黄绿色旗袍,另一条就是这次展出的这件有着夸张穗边和精致刺绣的洋红色礼服(图4-15)。这让人联想到黄柳霜在宣传照里穿过的一条旗袍。

在 Jean Paul Gaultier 2001 年秋冬高级定制中，设计师从中国画中寻求元素，人物、蝴蝶与竹子的图案构成重点，用精美的剪绣和补贴表现在紫色旗袍的背上(图4-16)。设计师对后背的裸露非常西化，但装饰主题皆以中国绘画为灵感，无疑是利用了东方文化的"象征性"，用外国人所不熟悉的古香古色来阐释富含深意的韵味。

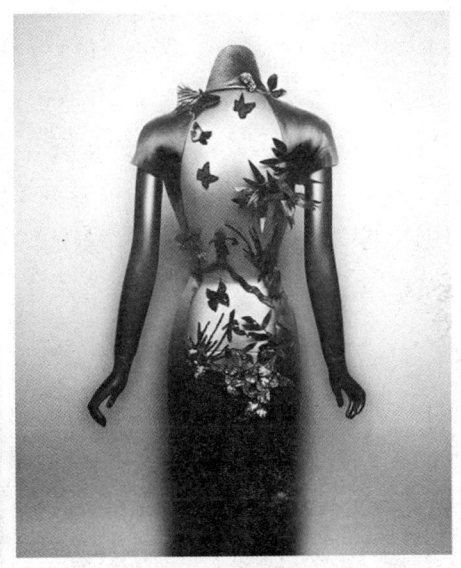

图 4-16　Jean Paul Gaultier 2001 年秋冬高级定制

图 4-17　两件刺绣甜美的立体蓬裙出自 Cristobel Balenciaga1960 年作品

展区"Export Silk"是以丝绸成衣为主题的展馆,两件刺绣甜美的立体蓬裙出自 Cristobel Balenciaga1960 年作品,从经典的椭圆形轮廓,到独特刺绣的厚重丝绸,正是对 20 世纪 60 年代设计审美的最好延续(图 4-17)。Balenciaga 孜孜以求技术的完美性,他对厚重面料的精湛裁剪开创了技术派的新局面。

青铜器等中国古代艺术品也成为设计师的创作源头。在 Alexander McQueen 为 Givenchy 设计的 1997 年秋冬系列里,一款以青铜器皿作为主题的绘龙黑色礼裙(图 4-18),有着他设计的连续性:哥特、黑暗、死亡、野蛮、暴力,但各种压抑一经 McQueen 之手,便会重新诞生出美丽。这款连衣裙的质感和裁剪正反映了这样的表达。中国设计师郭培 2007 年春夏"轮回"系列的压轴礼服"大金"(图 4-19),精美绝伦的极致奢华是抹不掉的底色。这一件金银丝绸与金属细片共同打造的服装的制作耗时 50000 个小时,既是设计师的精神出口,也是对高级定制的又一次挑战。

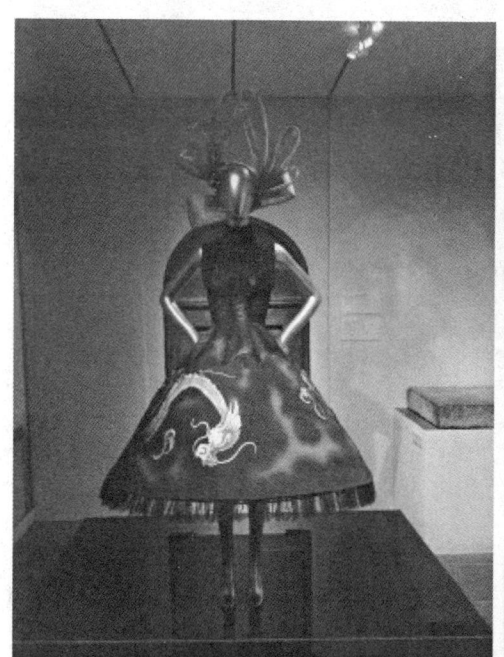

图 4-18 Alexander McQueen 以青铜器皿作为主题的绘龙黑色礼裙

在中国"文革"服装展区中,很醒目的一件作品来自 John Galliano 1999 年的 Dior 成衣系列,这件根据"文革"时期服装改良而成的草绿色连衣裙(图 4-20),充满了复杂而多元的文化语言。Galliano 并不关心背后的政治故事,而是展现

 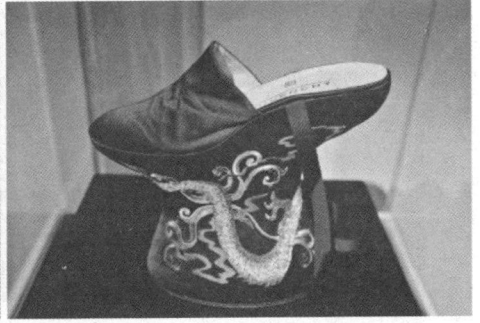

图 4-19 左：郭培 2007 年春夏"轮回"系列的压轴礼服"大金"；右：Alexander McQueen 以中国清代宫廷女子的花盆底鞋为原型设计的女鞋

图 4-20 John Galliano 1999 年 Dior 成衣系列，根据"文革"服装改良的草绿色连衣裙

出更多个人的偏好。既有红卫兵服饰中穗边、臂章的元素，还受到文艺复兴时期德国画家 Lucas Cranach 的影响，同时也加入苗族服饰的百褶裙，所以在这个系列里中国显然是众多灵感的来源之一，Galliano 将军服、绘画和民族无缝拼接在了一起。作为有浓郁中国情结的华裔时装设计师，谭燕玉（Vivienne Tam）是唯一一个把毛泽东肖像推向 T 型台的人。1994 年，谭燕玉把安迪·沃霍尔式的毛泽东肖像印在了柔软的尼龙网布上（图 4-21），穿在了纽约名媛淑女的身上。尽管舆论界褒贬不一，但这不能不说是惊世骇俗。

Tom Ford 为 YSL 2004 年设计的龙袍礼服（图 4-22），受末代皇帝溥仪登基时所穿龙袍的启发创作，中国龙、深 V 和收腰设计，将东方女性的温婉和西方的丰满并重，充分展露了龙袍的霸气范儿。华人设计师许建树（Laurence Xu）的礼

图4-21　1994年,谭燕玉把安迪·沃霍尔式的毛泽东肖像印在尼龙连衣裙上

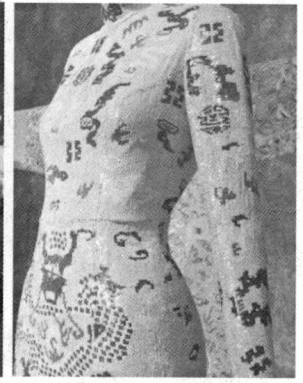

图4-22　Tom Ford 为 YSL 2004 年设计的龙袍礼服,受溥仪登基时所穿龙袍的启发

图4-23　John Galliano 把中国龙袍代入1998年秋冬高级定制作品中

服也以清代龙袍为原型设计,他正是范冰冰2010年驰骋戛纳电影节红毯的"东方祥云"龙袍的设计者。中国设计师都在身体力行地将中国元素发扬光大,许建树的龙袍与 Tom Ford 设计的龙袍并列放置,突显出中西方设计师对历史审美的不同阐释方法和差异化的创作方式。John Galliano 是一位想象力的高手,这种能力在设计与中国元素有关的作品时体现得淋漓尽致。他把中国龙袍代入自己的1998年秋冬高级定制作品中(图4-23),布料与刺绣看起来像是中国的,但是剪裁看起来是西式的。通过改造、解构、脱离,无论怎么看,它都有 Galliano 的基因。

在以中国清代宫廷女性服装为原型而创作的展区里,这件红色图腾刺绣与中性西装搭配的套装充满了中国式的东方风情(图4-24),黑、暗红等深沉庄重且具有明亮光泽的绸缎、丝绒与男士塔西多礼服的剪裁不失为中西合璧的范例。"我一直都很喜欢1930年代的华美风尚跟细腻情怀,以及当时的Art Deco装饰艺术及东方文化的影响。我觉得这非常的现代,非常的现在。"Ralph Lauren先生谈起他的这款设计灵感时如是说。

图4-24　Ralph Lauren红色图腾刺绣与中性西装搭配的套装

依旧出自Tom Ford之手的2004年秋冬作品中(图4-25),这件礼服受到了旗袍的启发,但没有刻意去复制清代宫廷女服的结构,而是将传统的直纹转化为斜纹,让它更凸显女性的身体线条,更为性感。精美的锦缎花纹是作品的核心,透着清代衣冠以明礼仪的色彩与纹饰。Coco Chanel收藏中国乌木漆面屏风

图4-25　Tom Ford 2004年秋冬礼服受到旗袍的启发

和中国艺术品,在这些中式摆设的影响下,她在创作中经常会带有点东方神韵。Chanel 这件 1930 年的唐装(图 4-26),无疑以旁边的清蓝地纳纱盘金龙袍为原型设计,宫廷华服的深沉厚重被原封不动地保留下来。Tom Ford 的又一作品(图 4-27),用性感的长裙剪裁诠释了他的审美风格,进一步向中国清代宫廷服装致敬。大红色礼服的制作不计成本,以珠片作面,绣出的龙腾图案金光灿灿,龙蟠凤逸之姿跃然服上。

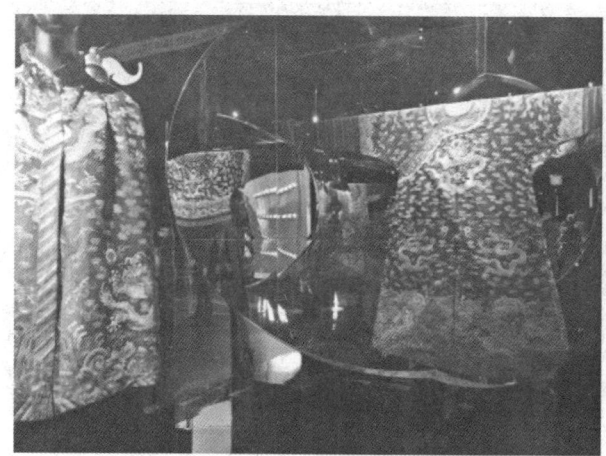 

图 4-26　Chanel 1930 年唐装

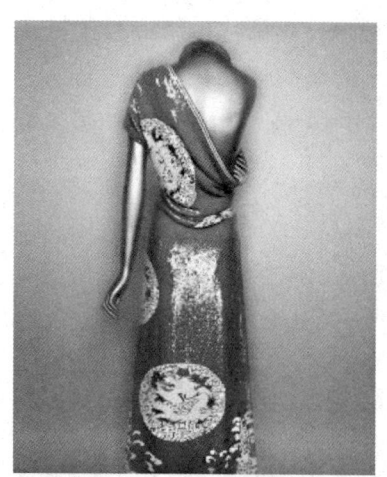

图 4-27　Tom Ford 用性感的长裙剪裁进一步向中国清代宫廷服装致敬

John Galliano 对中国旗袍十分倾心,他以顾维钧夫人黄蕙兰女士 1943 年身穿的旗袍(1943 年)而设计的 Dior 1997 年秋冬系列里的大红色高领旗袍(图 4-28),非常的性感。这款旗袍也受到了 1930 年代月份牌女郎的影响。Galliano 这个系列的旗袍正反映了这样的思考:"我在一些香烟、香水和美妆产品上发现这些美丽的女郎们穿着紧身旗袍的照片,令人很有创作欲。"旗袍馆中播放着突显女性旗袍的电影,有张曼玉的《花样年华》、汤唯的《色戒》以及巩俐的《爱神》等。John Galliano1997 年设计的另一款偏可爱的旗袍(图 4-28),通过开襟与抹胸结构展示改良造型的魔力,重新定义了 20 世纪早期的中国旗袍。

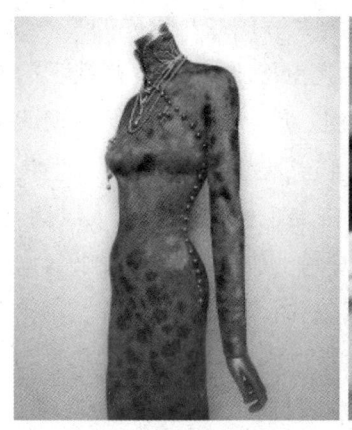

图 4-28 左：John Galliano 以黄蕙兰女士身穿的旗袍（1943 年）而设计的 Dior 1997 年秋冬旗袍；右：John Galliano1997 年设计的另一款偏可爱的旗袍

4.2 生肖在服装设计上的现代性转换

在全球化的过程中，追求设计本土化是设计界的普遍共识。作为中国风里的一个派系，以中国代表性的十二生肖为设计灵感，注定能够成为震撼当今时尚界的文化力量。生肖，作为民间文化载体有其特殊优势——较少地附着沉重的民族意识，比较容易获得感性认同，亲和力强、传播基调轻松等等，所以每年春节大家都热衷关于"生肖"的话题。对于民间生肖文化，不仅需要研究这些民俗符号的内容和形式，而且更重要的还要探索现代生活中怎样适宜地传递这些用民俗符号构成的民俗文化信息，即研究生肖的现代语言。正如吴海燕教授所说："中国的传统文化和手工技艺是中国设计的重要源泉和精神回望，我们需要从现代设计的角度入手，为中国传统的传承和当下的东方式生活经验寻找一个新的观察视角。"时至今日，民俗生肖的传统艺术形式正在与现代生活、现代设计的审美观形成全面碰撞和微妙的重新嫁接，必然引起设计界的密切关注。

我们感叹着中国生肖文化从五千年岁月里绵延出来的崭新生命力，同时也期待着新的生肖艺术能够跳脱原有形式束缚，在时尚产业里灵活运用，显现出更具震撼效果的创作生命力。

为了使生肖元素在服装设计中成为中国形象的一种表述，我们需要置身于传统与流行、本土与国际之间，坚守生肖这一民间民俗文化的审美趣味，以生肖图形为卖点，营造干支纪年呈现的神秘风情，并对生肖中的动物图形和文字图形进行全新的包装和改造，以现代设计方式，更加明确国际定位。在服装款式紧跟世界时尚潮流的同时，将生肖元素与国际 T 台大热的流行趋势相结合，这一糅合的传播方式源于对中国文化的自信,因为"只有民族的才是世界的"。

图4-29这一组衬衫的刺绣设计将众多造型糅合呈现,像一堆被打乱了的图案,设计师对动物线条和外形进行了艺术化的重组,使得服饰图案具有现代感。但只要能分辨出贯穿隐匿于刺绣之中的动物组合,便知是"生肖"。生肖"两两相对""六道轮回"寓意的应用显而易见,图案格局也极具装饰艺术风潮,风格细密繁琐的图案与小立领衬衫的修身感形成呼应,配上更显中国味的连袖,让服装看上去很"中国",但又不是古代中国的翻版,时尚与传统兼备。相比而言,图4-30这两组男衬衫则延续了更为具象的生肖纹样,以地支"寅"和动物"虎"形象为主的组合造型,以刺绣手法精致美好地装饰于衬衫的后颈位置。"辰龙"主题的半袖衬衫前身也刺绣或数码印染着醒目的团龙图案。团龙形象适用性强,既保持了龙的完整性,装饰味也很浓,且表现形式多样,有"坐龙团""升龙团""降龙团"等。团龙的圆边还装饰有水波、如意、草龙等图案。作为明清两代等级最高的装饰图案,曾是权势、高贵、尊荣的象征,又有攘除灾难、带来吉祥的寓意。衬衫上的团龙图案面积虽然铺陈较大,但低调的用色在设计上更含蓄,不外露,同时也达到了吸引人的效果。

"辰龙"是十二生肖中最容易被拿来作为卖点的,其他生肖也可以利用中国

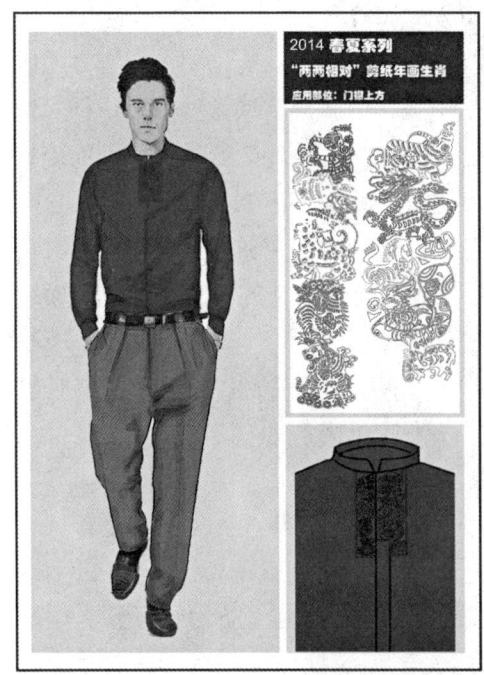 

图4-29 男衬衫门襟处的剪纸"辰龙巳蛇"生肖刺绣设计

 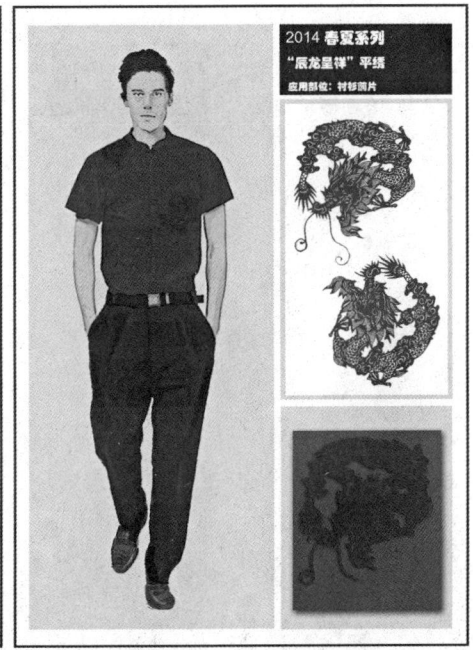

图 4-30　男衬衫后颈的"寅虎"刺绣设计；男衬衫前身的"辰龙"刺绣设计

文化的"象征性",把动物赋予品格,用大家略微陌生的元素搭配富含深意的解释来吸引人,同时也可以利用这些古香古色的趣味唤醒中国人的记忆。图4-31以"丑牛"元素作装饰主题,"丑牛辟地,万物复苏,丑牛益世,吉祥康宁",以牛图案作为重点,用袖章和护肘的形状表现在夹克上。"牛"文化美名已久,牛在中国是一种具有图腾意义和神性的动物,它为中国几千年的农业社会发展进程作出了巨大贡献,中国人借牛力开垦耕种的历史由来已久,所以中国人素来有爱牛、敬牛、拜牛的习俗。此外在精神境界上,牛还代表"土",寓意国泰民安,这一点对于现代人来说非常新鲜。

图 4-32 和图 4-33 的设计更显委婉,可称为"生肖里的小趣味"。之所以叫"小趣味",是因为"十二生肖"被镶嵌在近乎遮盖的位置:男夹克袖接口有一条狭小的夹缝,翻开后不过 1 厘米的宽度,而"十二生肖"的刺绣细密拥挤地排列一圈;另一款男夹克的袖口被袖祥遮挡的位置里,藏有"巳蛇"印花;风衣的后翻领翻开后才能看到暗藏着一个精美的"酉鸡"刺绣设计;中山夹克后颈的魁星"亥猪"也有异曲同工之妙。它们给人的惊喜,只能感受但无法言传。"小趣味"的设计正是抓住了这些有代表性的小元素来吸引眼球,利用这些小趣味重燃中国人的恋旧心和西方人的好奇心。

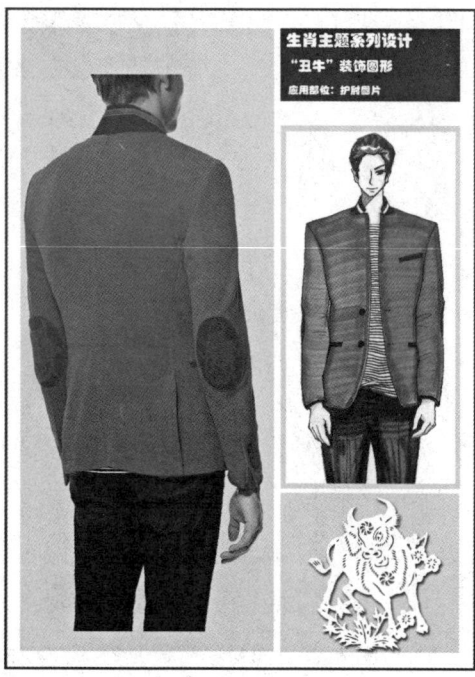

图 4-31　男夹克袖身的"丑牛"臂章设计；男夹克袖身的"丑牛"护肘设计

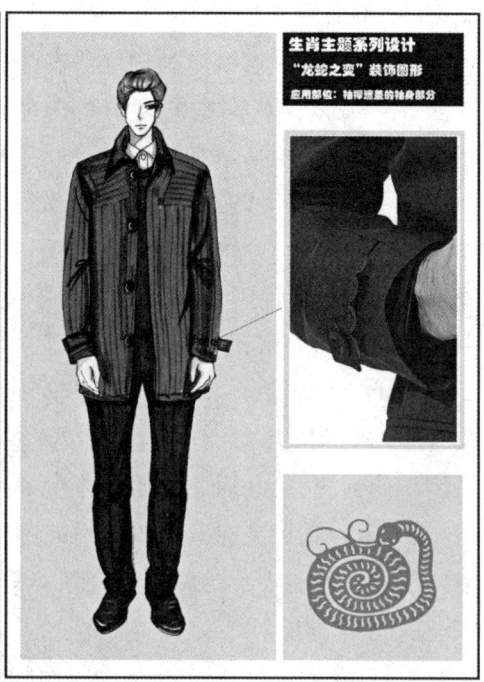

图 4-32　夹克袖口夹缝"十二生肖"刺绣；男夹克袖口被袖袢遮挡的"巳蛇"印花设计

图 4-33　男风衣后颈翻领处暗藏的"酉鸡"刺绣设计；中山夹克后部暗藏"亥猪"刺绣

图 4-34 的两件针织衫延续了生肖的民俗性，以"辰龙"作为主题，突出了龙能呼风唤雨的神性，而减弱了皇家权势的象征，毫无疑问，这里体现着民间龙文化的视角。经过现代化的处理，龙王庙立柱上的雕龙，还有秦砖汉瓦上的玉龙，统统被装饰在针织衫的后颈标贴和袖部护肘上的圆形徽章里。这里的"龙"温顺而朴实，绘制在衣服不显眼的局部，和柔软的麂皮材料在一起，显得乖巧可爱，毫无凌厉之气。

比起正装、时装的严谨设计风格，生肖元素用在休闲装系列上似乎更合乎年轻人的审美喜好。图 4-35 中，白色 T 恤正面位置以硕大的印染图形标着醒目的北海九龙壁五彩团龙，美式棒球衫的前胸左右对称着两条青花瓷行龙，年轻人对这种装饰极其狂热。尽管有人认为这样的装饰"流于表面"，但你不能否认它以一种全新的视角去观察传统，与现代气质十分吻合。因为这类设计就是想掏空一切来表现，令中国元素多到目不暇接，生怕你错失它的一点儿精彩，这种拒绝内敛、爱表现的气质是设计现代化的体现。

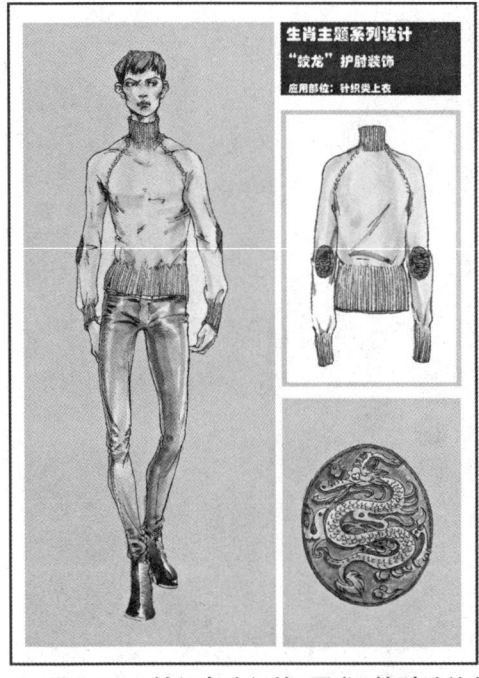
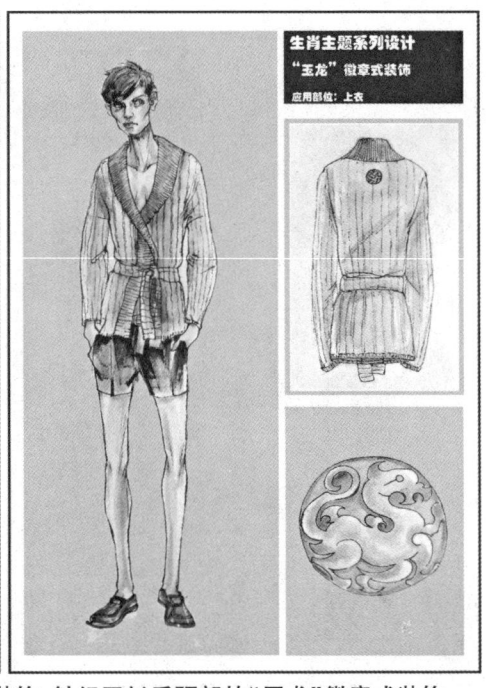

图 4-34　针织套头衫的"辰龙"护肘贴补装饰；针织开衫后颈部的"辰龙"徽章式装饰

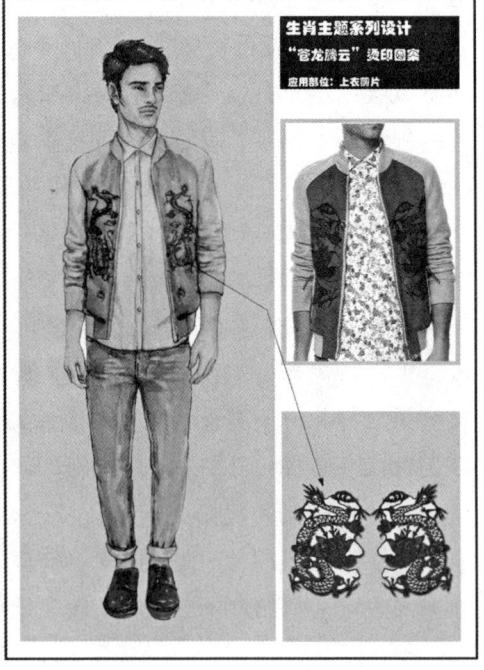

图 4-35　T 恤衫上的"辰龙"彩色团绣设计；棒球夹克上左右对称的"辰龙"印花设计

比较而言，图4-36和图4-37的设计语言更加高级，像"虎纹字"这款服装，在针织外衣上采用了虎纹肌理，而且一明一暗的用色完全是虎皮的质感，低调而和谐，在内搭的衬衫上同样应用了遥相呼应的虎图形的方式，其间中规中矩地排列着"寅虎"二字的四方连续图案，让生肖味道十足，更别具一份优雅，简单大方且实用。夹克胸前的菱形拼接上也有细节，民间虎头密密麻麻，让穿者感受到这份古朴吉祥。另一款针织开衫的底端点缀着"申猴"，把"猴"与"辈辈封侯"结合起来。值得注意的还有沿着夹克袖笼处的一圈装饰，错综复杂的图案中，十二生肖的古文字依稀可辨。这些服装的每一处装饰都紧贴中国心，那种中国人的朴实勤劳、谦和宽容，带有一点点羞涩还喜欢热闹的感觉做得很到位，并不是传统元素的简单堆砌。

图4-36　男针织开衫底端的"申猴"印花设计；中山夹克袖缝处的生肖古文字图形刺绣

另外一类服装，以十二生肖为布料花纹，这无疑是从面料织造开始的设计。图4-38在时尚九分裤和夹克翻口处都应用了四方连续的生肖图案，但款式上稍微西化一些，受到立体派和艺术装饰风潮的启发，充分运用了几何图样，这一点恰好迎合了"东西合璧""传统又时髦"的设计转换理念。图4-39和图4-40所展示的民国初期时兴的中山装和长马褂样式，除了将款式复兴成竖领对襟以

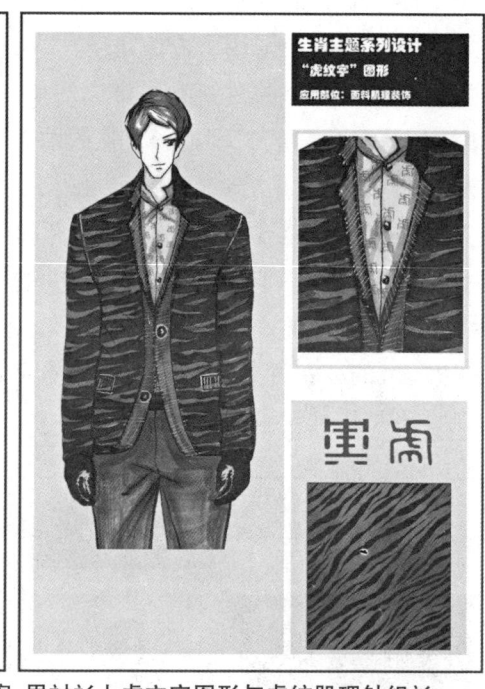

图 4-37　男夹克胸前的"寅虎"虎头图案；男衬衫上虎文字图形与虎纹肌理针织衫

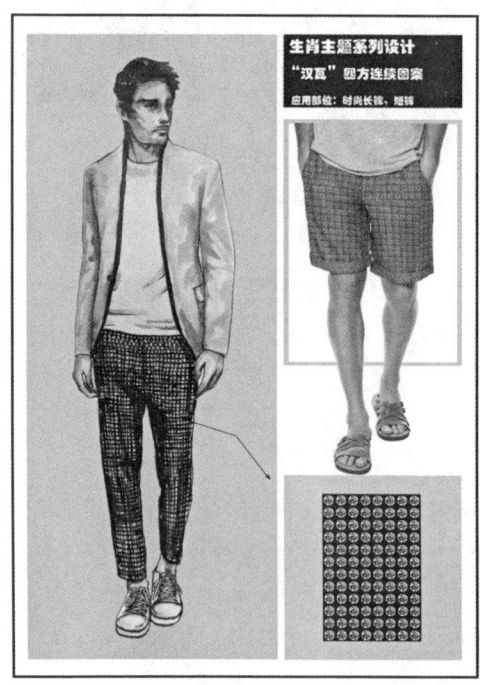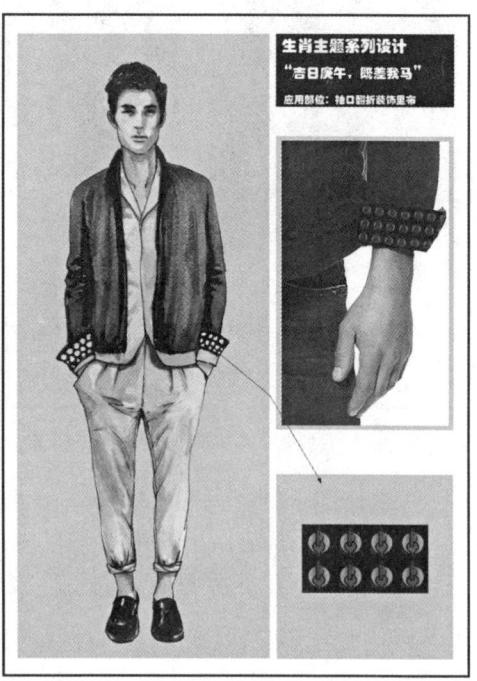

图 4-38　用于时尚印花裤和夹克翻口的四方连续圆形生肖图案

外,生肖提花绸缎也借鉴或者直接照搬了古代服饰的样式,这种华贵又舒适的古典气质,虽有一种褒贬难分的争议性,但也适合了特殊节庆的需求。图4-39又以中国的酉鸡纹样与西方的千鸟格图案相融合的方法把"生肖格纹"发挥得淋漓尽致。在提花织物方面,图4-41的衬衫同样值得借鉴。"午马"织物提花和"十二生肖"定位提花,通过织绣和印染等视效手法阐释主题,从而以更为摩登的面貌表现出来。图4-42从里布中寻求设计点,外套的里布上织满"生肖"字体图案,马甲里布上印有"午马"几何图案,在极力表现内敛与精致的同时,更是在强调中国味道。

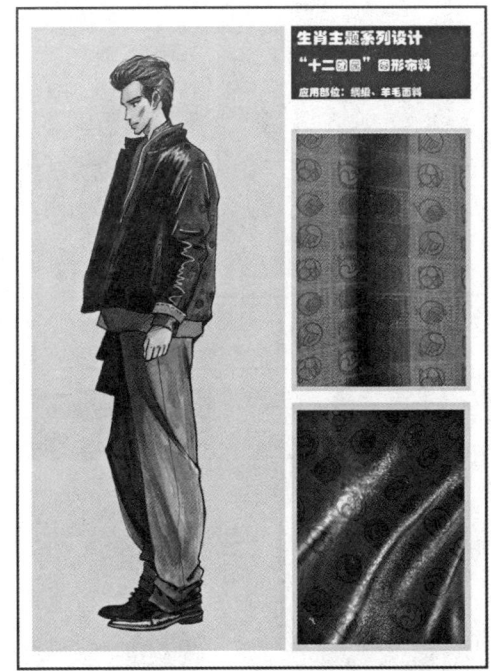

图4-39 中式对襟上衣的生肖图形织物提花

纵观这些生肖主题服装可以发现,虽然我们有意识地追求本土元素的设计,但生肖元素的使用不能只局限于中国式设计。正如中国美术学院杭间教授所说:"现在很多年轻设计师对中国风理解不够深入,仅仅把中国元素作为符号,以图解的方式呈现,比如有人在服装设计中运用剪纸元素,把民间剪纸图案原封不动地贴到衣服上。真正好的本土化设计其实非常巧妙,并不是传统的照搬或外在的挪用。现代设计里的本土元素、东方文化应该是精神性的,而不仅仅是再现龙、凤、牡丹等图形。"生肖文化有中国民俗的影子,经过现代的转化,

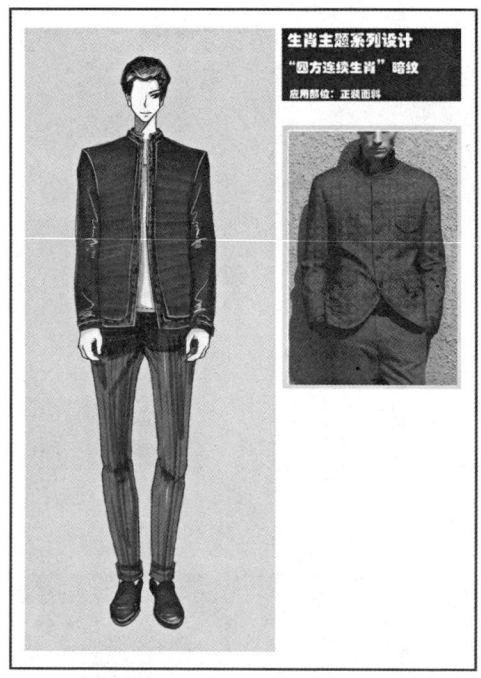

图 4-40　中式对襟上衣的生肖图形织物提花；酉鸡与千鸟格组合的幻彩围巾

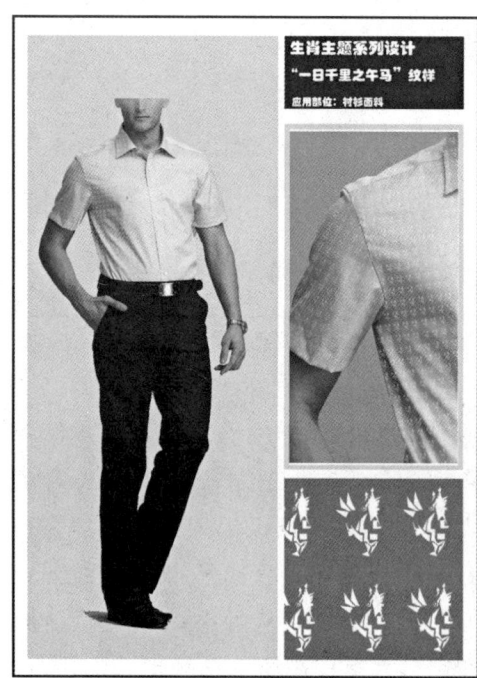
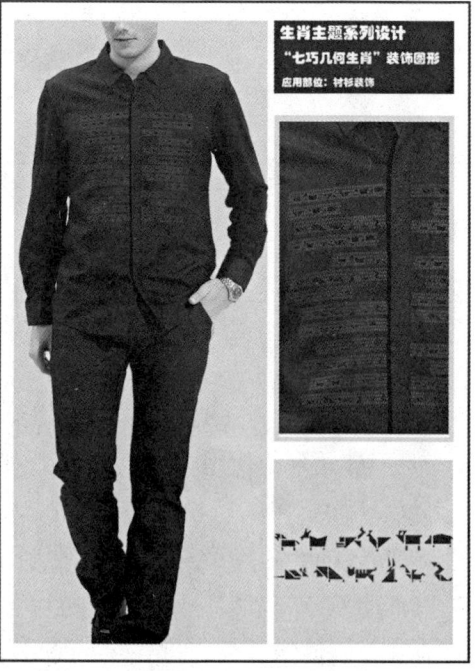

图 4-41　衬衫的"午马"织物提花；衬衫的"十二生肖"主题织物提花

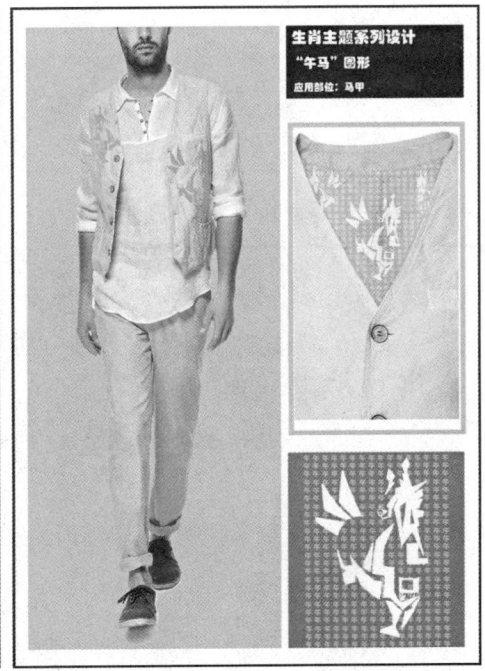

图4-42　外套里布使用的"生肖"字体图案；马甲里布上的"午马"印花图案

借用西方的设计语言使之更符合现代审美，包括面料、剪裁、色彩、变形性等方面，但从形态表现上仍是中国元素，这样的呈现才会更深入，而不是表面化、形式化的应用。

4.3　生肖在服装配饰上的日用化设计

生肖主题配饰与生肖主题服装在设计上有相同之处，都是把传统元素转换为适合现代人口味、可用的产品。生肖设计融入得好，可以令朴拙的民间元素由"神"转"形"，传达出中国人的气质，否则就只是表面化地堆砌。民间元素的美学趣味承载着我们熟悉的情感和技艺，能提取出亲切、清新的精神质素，为大众所喜爱。但如果一味照搬符号，重复表面化、形式化，不加以改造，就会显得不美。在设计理念上，生肖主题的配饰亦应该符合东方设计的韵味，语言微妙、表达委婉、注重装饰性。当然，渗透西方理念也不见得一定会流失中国味道，好的设计不必区分它的创作方式是中国的还是西方的，也无须分辨它的美感发扬的是地道的"中国精神"还是西方人对中国艺术的理解。事实证明，所谓"从传统到现代"是需要互补的,只要很巧妙地转换,就可以融会贯通。比如图4-43至图4-45的袖口与纽扣设计,或圆或方,内容围绕生肖,既有地支,又有强烈变形的动物,这些设计都充分证明,许多与生肖动物有关的卡通形象也被运用到设计中。当然,这也并不牵强,生肖文化的确与动物造型相辉相映,既容易传播,又很中国化。

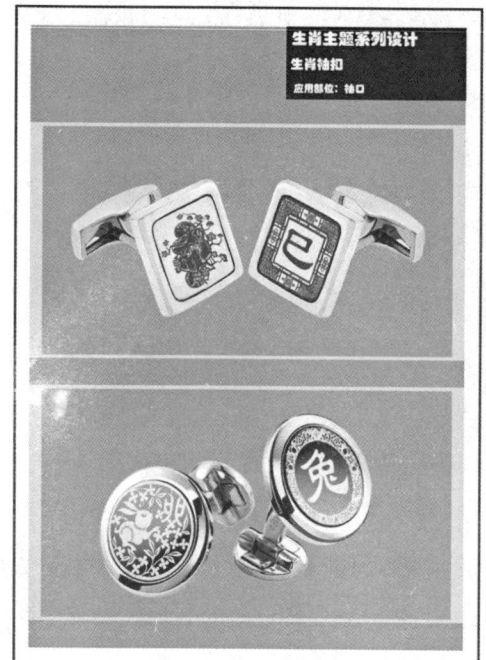

图4-43　生肖主题的衬衫袖口设计

极具錾刻工艺特色的纹饰近年来在珠宝配饰上得以充分体现,图4-46中服装配件的灵感都来源于此。夹克领口的铆钉和夹克兜帽的串绳绳扣采用的就是银质錾刻和浮雕技艺,部件上刻画着精巧的生肖形态,这种做法让服饰语言和生肖文化浑然一体,将"也可以更好地"主题传达给消费者。图4-47的生肖皮带,本身款式保守,唯一的亮点在带扣,浮雕"午马""辰龙"图案体现出"手技"的光辉,也体现出民间社会对吉祥文化的诉求。图4-48的生肖领带,将现代感的生肖图案组合在一起,从而拼出一种理性精神的画面,形成简洁、明快、通用性强的设计风格。

第 4 章 生肖主题的服饰设计

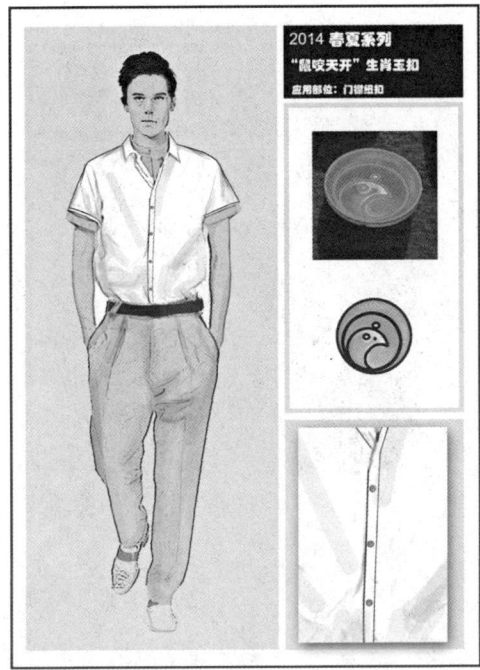
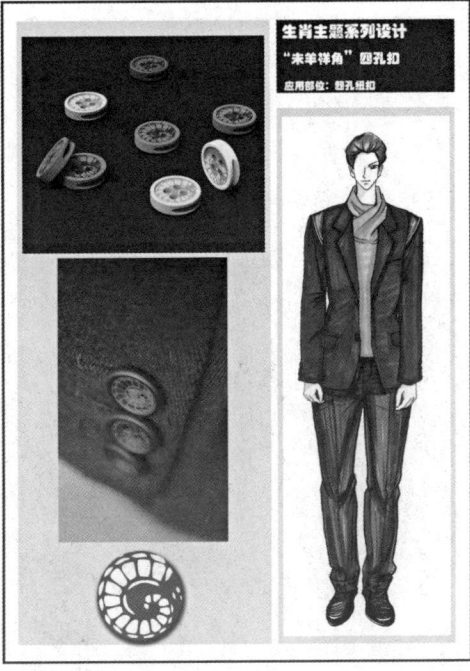

图 4-44 生肖主题的纽扣设计

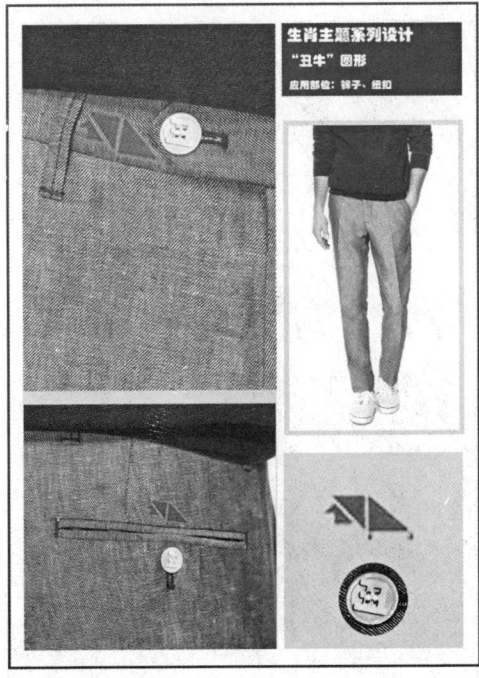
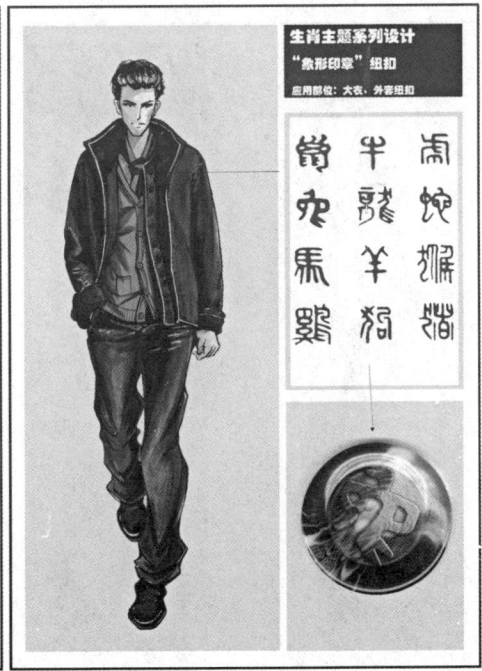

图 4-45 生肖主题的纽扣设计

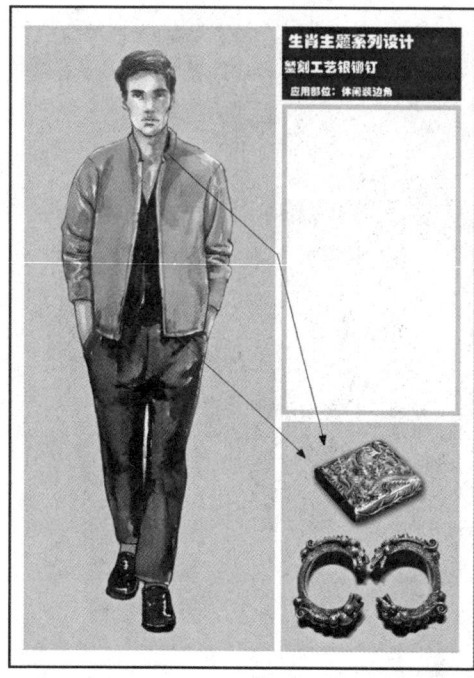
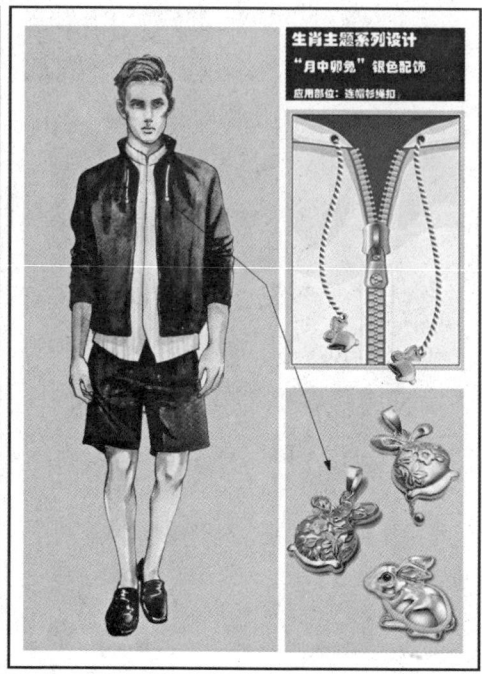

图 4-46　生肖主题的金属钮环和绳扣设计

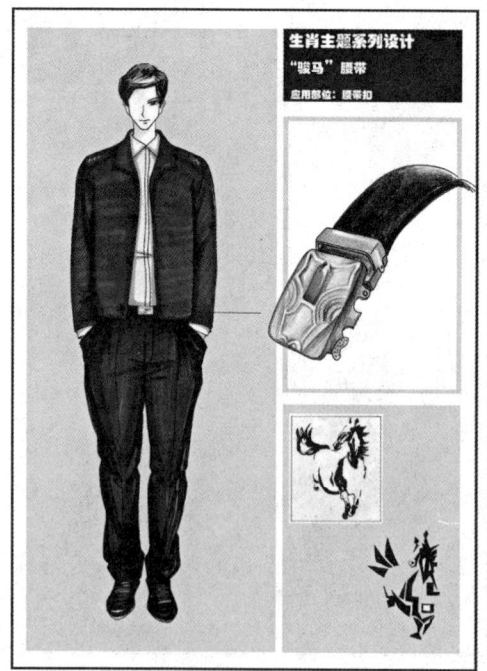

图 4-47　生肖主题的腰带带扣设计

图 4-48 生肖主题的领带设计

4.4 生肖在衍生产品上的趣味性改造

在全球化步伐加快的背景下,中国风不仅是电影、音乐、舞蹈等艺术门类的创作者偏爱的元素,也是整个设计领域显而易见的风格,让人无法忽视。营造气氛显然在商业品牌看来是必要的,中国风尤劲的服装品牌着实也需要吸收不少民俗元素,融入其衍生产品中,如箱包、鞋履、首饰、文具、雨伞、手机壳等,都可以拿生肖来做卖点。图 4-49 展示的衍生产品是剪纸生肖的图形组合,值得注意的是图案大小要非常合适,色彩要低调,可采用比较高级的颜色,整体色度也应该很透明,这样才符合中国传统的审美习惯。

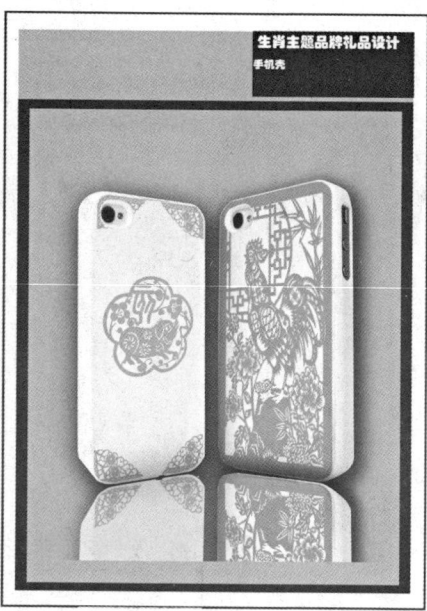

图 4-49　生肖主题的雨伞、箱包以及手机壳设计

4.5　生肖在品牌 VI 设计中的拓展应用

品牌 VI 是"企业形象视觉识别系统",它将企业的综合信息运用视觉形象识别表达的形式进行规范管理和宣传推介。一套 VI 设计的基本要素包括:企业标志、企业标准色、标准字、标志和标准字的组合。其应用系统设计包括办公用品、企业外部建筑环境、企业内部建筑环境、交通工具、广告媒体、产品包装、公务礼品、陈列展示、印刷品。图 4-50 是某服装品牌的 VI 设计,尝试在商品吊牌、光盘封面、信封、包装纸、购物袋、缎带等常见的 VI 设计中融入传统元素,采用生肖年的图形,用于一整年的 VI 设计。从文化上来说,它更像一个符号,这个符号也比较外在,尽管我们提倡用内敛的处理方式对待传统元素,但是以此来吸引人们更多地了解中国文化却是可行的。

图 4-50　生肖主题的品牌 VI 系列设计

附 研发商品实物赏析

图1 搭配西装的生肖主题胸巾设计

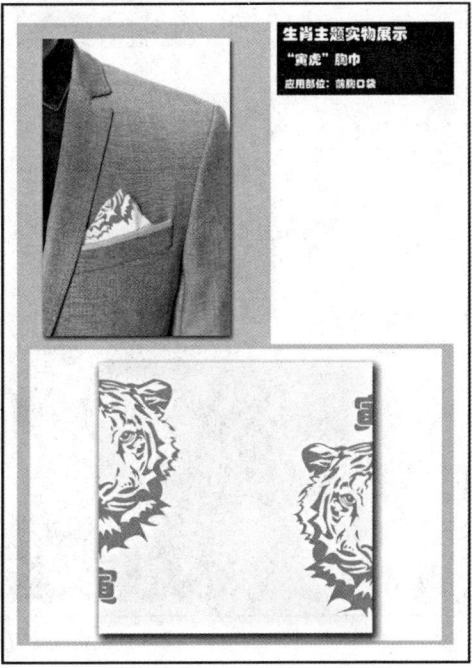

图2 搭配西装的生肖主题胸巾设计

图3　生肖主题长款围巾与方形围巾

图4　生肖主题方形围巾与长款围巾

图 5 生肖主题蝴蝶结与衬衫袖口设计

参考文献

[1] 透视:中国民俗文化中的民间艺术,王海霞,太白文艺出版社,2006.

[2] 中国生肖文化,吴裕成,天津人民出版社,2004.

[3] 民艺四十年,[日]柳宗悦,石建中、张鲁 译,广西师范大学出版社,2011.

[4] 生肖趣谈——中国民俗文化丛书,陈勤建,上海古籍出版社,2005.

[5] 生肖与中国文化,吴裕成,人民出版社,2003.

[6] 十二生肖春联大观(第二版),梁石,农村读物出版社,2010.

[7] 中国民间美术丛书——十二生肖剪纸,周艳伟,辽宁美术出版社,2010.

[8] 生肖物语——民俗图案中的十二生肖,沈泓,中国广播电视出版社,2011.

[9] 中国读本——中国的生肖,吴裕成,中国国际广播出版社,2010.

[10] 生肖新说,余志和,新华出版社,2008.

[11] 十二生肖,于童蒙,中国纺织出版社,2007.

[12] 中国十二生肖装饰图典,郑军,岭南美术出版社,1998.

[13] 生肖文化,过常宝,中国经济出版社,2010.

[14] 中西文化对比:十二生肖寓意详解(文化篇),顾雪梁,刘法公,国防工业出版社,2006.

附录一

Research of the essence of heaven, earth and man ideology and the culture of the Chinese Zodiac

Zodiac is the product of Chinese folk cultures; the sequenceand match up of the Zodiac are related with the thought of the ancient decoration craft. Firstly, Zodiac decoration which is corresponding to the weather is the result of that the ancestors merge the zoolatry and the original astronomy together. Ancestors respect the heaven, believe in the heaven and regulated by the heaven, this is the decoration craft concept of ' in fineweather', and it has the same source of the heavenly stems and earthly branches. Secondly, the Zodiac decorations which represent the azimuth, contains the ancestors' suspicious and 'the god said'. Lastly, Zodiac is not only limited in the astronomy and calendar, it also goes into the folk life, and becomes the mascot of pursue good for tune and avoid disaster.This ancient culture has the vitality of advance with the times, and this is the meaning of researching its thought of decoration craft.

Zodiac is our country folk. Since the "Pirates of the Person" which is on the back of the "Day Book" in Qin Dynasty, the said "Zodiac" was started.

Zodiac folk culture can be traced to the totem worship of the primitive society. Ethnologist Liu Yaohan is the Yi people, he thinks the twelve animal calendar originated in the original totem worship. In the custom of Nuo, there is twelve-phase dance which imitates animals. This dance picks the twelve animals, can be said to have a certain origin relationships with the Zodiac. Dunhuang relics of the Tang Dynasty "into the night Hu word" wrote about the Nuo dance, said, "The twelve genera, are also for dispelling auspicious and ominous", the twelve genera are actually the Zodiac, and this folk material just shows the relationship between Zodiac and Totem

In the pre-Qin era, twelve Earthly Branches with Zodiac attachment initially formed. There is one poem in *Auspicious Day* which is from *The Book of Songs* Xi-

aoya, said that, "The Gengwu auspicious day, is good time for horse riding hunting", the Gengwu day is linked with horse, and is considered an auspicious day horse riding hunting. In "Lv' s Commentaries of History", the article "DaYu" talked about the horse and mouse in the Zodiac, "Depressed, is not positive, On the Zhou tripod, mouse is casted, by horse trampled underfoot, because mouse is not positive. The one who is not positive, is bad for the country." Casting mouse on the tripod means non-positive, casting horse means positive, this is consistent with what "Lun-heng" said, "Zi, is also water, its fowl is mouse; Wu is positive, its fowl is horse." This reflects people in the pre-Qin era Supplement and perfect the Zodiac.

The Zodiac which is talked in Wang Yun's book *Lun-heng*, is widely penetrated into folk life. "Lun-heng Wushipian" said, "Yin, is wood, its fowl is tiger; Shu, is soil, its fowl is dog." and it also said, "Wu, is horse; Zi, is mouse; You, is chook; Mao, is rabbit; Hai, is pig; Wei, is sheep; Chou, is ox; Si, is snake; Shen, is monkey." Totally eleven Zodiac names in mentioned. Plus the one in "Wuyue Chunqiu" which is written by Zhao Hua in the Eastern Han Dynasty, "Chen, is dragon", today, Zodiac is complete.

From the "Zodiac", we can see the thought-form which is related with the ancient craft decoration, it contains the senses of heaven, earth and man. In ancient, it is said that there are three abilities, they are heaven, earth and man. The ancients believed that the three abilities are the initial of everything, they are the key to understand the origin of theuniverse. The decorative art which depends on the respect for the day, is a common phenomenon in the history of ancient art. It can be said, the sequence and correspondence of Zodiac are all from the thought of ancient craft decoration.

The "Zodiac" decoration that corresponding to the weather

"Zodiac"Contact with Earthly Branches.In Pre-Qin era, the astronomy gradually developed. From the ancients' recognition to the natural universe, the prototype of Chinese era has been bred. And this concept is also one of the important soil that Zodiac rooted in. Zodiac is not generated behind the closed doors, it's the result that the ancestors integrated the zoolatry and the primitive astronomy together.

In 1929, Guo Moruo wrote the book *Explanation of Heavenly Stems*, he uses the materials from oracle inscriptions of the Shang Dynasty (C. 16th-11th century B.C.) on tortoise shells or animal bones, involved twenty eight constellation, also referred to the Zodiac, and he thought that the Twelve Earthly Branches come from astronomical phenomena, and these are valuable ideas. The astronomy history researcher Zheng Wenguang referenced to the ideas in this book, and he also thought that "the Twelve Earthly Branches come from astronomical phenomena". In the number one and three Han Dynasty tombs in Mawangdui, Changsha City, two T shaped colour paintings on silk, and both of them are divided to three parts: the heavens, man's world and the otherworldliness. On the paintings, the animals like dragon, the Jade Hare, snake and horse are spectacularly painted, it's the development of the animal decoration on bronze ritual articles, and also contains the ancients' reverie to the space-time, and integrated the animals with the sun, moon, god and the man together.

  Ancestors respect the heaven, believe in the heaven and regulated by the heaven, this is the idea of decoration craft that corresponding the weather, and it's homologous with "Zodiac" Heavenly Stems and Earthly Branches. The Heavenly Stems and Earthly Branches are the oldest way to numbering the days, and it's the marker of the time unit. They are also the base of the agriculture, and related with the turns of the years and law of the movement of the heavenly bodies. They are the ancients' understand for the age of years. The ten Heavenly Stems cooperated with the twelve Earthly Branches, generates the cycle of sixty years. The Earthly Branches is also used to numbering the hours, there are twelve two-hour periods of the day named using the Earthly Branches, like Zi-night, Zheng-noon, Mao-hours, Hai-hours, etc. In addition, the Earthly Branches are also related with the twelve animals separately. Some scholars found that in the ancient writing of the Earthly Branches, the information of animals are implied. For example, Xu Shen from Eastern Han Dynasty said in his book *Shuo Wen Jie Zi* that the character "Si" is the pictographic characters or pictographs of the snake, and the same between the character "Hai" and the pig. So, the Zodiac is chosen by the ancients through observing laws of the nature, and is used to mark the man's birth date. For example, the book *North History* from the Northern and Southern Dynasties said, "Your brothers were born in Wuchuan town, the oldest brother was born in the year of mouse, your second brother was born in the year of rabbit, and you were born in the year of snake."

The Zodiac is only used for numbering the years, but also once be used to numbering the month. The ancients thought that the sun and the moon along the "ecliptic" (The ancients believed that the sun in the sky formed a circular running track) running around, meet twelve times every year. In order to facilitate the identification of the location, the ancients divided the ecliptic into twelve equal parts. And according to this, they distinguished "the auspicious days" and "underworld inauspicious days". But the strange thing is, it starts with the tiger instead of the mouse, and it ends with the mouse. The first lunar month creates the Yin, and Yin is the beginning of the year, so in the spring festival, people love to say "when the handle of the big dipper directing the Yin, the spring comes." It can be seen that, the folk adage "the horse month of the monkey year" ever existed indeed, however, using Zodiac to record the month is not continue to use later.

The "Zodiac" has the background of astronomy. Take the artwork ornaments of *The twelve patterns Chinese MianFu*, its meaning in astronomy history is equally matched the political meaning of its pattern. In ancient, the emperor's dress embroider twelve images: the sun, the moon, the stars, the mountain, the dragon, the pheasant, the tiger and monkey, the algae, the fire, the rice, the white and black axes andblack and blue figure. Some of the images were born in the association of the astronomy, like the sun, the moon, the stars and the black and blue figure; some images are the animals in the Zodiac, but they also imply the astronomy calendric, like the dragon, the pheasant, the tiger and monkey. The decorative motivation of the patterns in "The twelve patterns Chinese MianFu" is not only the appreciation of the beauty, but it also reflects that the ancients' macro modulation of the universe and their abstract thinking.

The twelve Zodiac animal portraits in Winter Palace, are actually the water clock for timing. The Italian Giuseppe Castiglione and the French R.Michel.Benoist were in charge of the design. The twelve Zodiac animal portraits were originally located at the north and south sides of the fountain pool in Haiyan hall. At the south side, there were the mouse, the tiger, the dragon, the horse, the monkey and the dog; at the north side, there were the ox, the rabbit, the snake, the sheep, the chicken and the pig. Theseportraits are all with beast's head and man's body, the body is stone carving, and the head is copper carving, wears the gown, the drape and villus on the head are very clear and realistic. Every hour, there is portrait which represents that hour spurts water from its mouth; in the high noon, all the twelve animals will spurt water at the same time. The horse spurts water, means it's Wu time (11 am to 1 pm), the monkey spurts water, means it's Shen time (3 pm to 5 pm). The designer fully takes China's folk culture into consideration, this set of timekeeping portraits are similar with the scales on the dial, and it also explains the correspondence between earthly branches and the Zodiac animals from the point of twelve hour for the day and night. Meanwhile, it reflects that the ancient artwork ornaments respect the heaven and the time.

The timekeeping concept of "Zodiac" is built up based on the agriculture civilization, the ancients watch the astronomical phenomena, make the calendar, and the Zodiac is a really great invention. The stars change in positions, step by step, these are caused by the nature law. The influence of the "Zodiac", is much more than "Heavenly Stems and Earthly Branches", and it becomes the endless life decomposition.

"Zodiac" decoration that mark the bearing

The ancients used the "Zodiac" not only for indicating the time, but also for marking the heaven and earth bearing. In the astronomy, the meridian uses the Zi of the twelve earthly branches, representing the north, Wu, representing the south, and it passes through north to south. This "directional line" contains the brand of the Zodiac culture.

The dragon placed using clamshell at Yangshao culture time, which is unearthed from Puyang, Henan province, is called *The first dragon of China*. The combination of the clamshell dragon, the tiger and the occupant of the tomb, together with their positions, have more meanings than the image. This is one part of a spectacular star chart: there are not only the green dragon, the white tiger, but also the big dipper. The surprise brought by *The first dragon of China* belongs to the astronomy: this dragon provides the proof of the four images of constellation in Chinese astronomy. After thousands of years, the painted box of the Warning States period, which was unearthed from Suixian in Hubei province, there are also images includes the green dragon, the white tiger and the twenty-eight constellations, they are all tightly related with the "Zodiac".

The "Zodiac" that marking the bearing comes from the four images of constellation in Chinese astronomy. The ancients in order to mark the sun, the moon, the stars' positions, they tried to divide the stars into areas, and created the coordinate system. The decoration ideas in clamshell dragon and the painted boxes reflects the ancients try to use the four images and the twenty-eight constellations to divide the space. On Chinese classical astronomy star chart, there is a frame system - four images with twenty-eight stars, its "kernel component" is the Big Dipper. The Big Dipper locates at the north pole of the sky, in addition to the role of orientation, the ancients also use it as an important timing stars. The book "Heguanzi" said, "When the handle directing to the east, it's spring; when the handle directing to the south, it's summer; when the handle directing to the west, it's autumn; when the handle directing to the north, it's winter." This is the four seasons. The ancients found that the big dipper looks like a spoon, the direction of the handle goes around the sky one year. The handle looks like a pointer with uniform rotation, and the twelve animals look like the stationary orientation scale.

"The four images" as the orientation, was recorded in the <Liji.Quli> in pre-Qin period: "Front is the red bird, behind is the tortoise, on the left is the green dragon and on the right is the white tiger." Zhangheng in Han Dynasty described the four images in "Linxian", "The black dragon curls up on the left, the white tiger settled in the right, the red bird beats its wings in the front, the sagacious tortoise folds its head at behind." The four images rule own regime, and they are the important stars for astronomy and identify the seasons in ancient. The ancients used "the four images" to the terrain, using the figure and action of "the four images" to metaphor the terrain, together with good and bad fortune. The four images were widely spread, the eaves tile, stone relief and bronze mirror all have their images. The Han Dynasty eaves tile with four images is looked as not only for avoiding evil spirits and praying, but also the orientation.

The so-called tai chi produces the two models Yin and Yang, the two models produces the four images, the four images produces the gossip, and thus get related with Chinese five elements, twenty-eight constellations. The twenty-eight constellations are controlled by the four gods of green dragon, white tiger, red bird and tortoise. In the twenty-eight constellations, Antares, one of the seven green dragon stars, is paid special attention, the ancients called that star fire, and later the star became the bead

附录一 Research of the essence of heaven, earth and man ideology and the culture of the Chinese Zodiac

that plays the dragon. The graphic pattern about the dragon plays the bead, becomes a famous traditional decorative pattern. Like the glazed wall with nine dragons in Beihai Park of Beijing, the four dragons are chasing the flame bead among the mist, this contains the connotation of the classical astronomical coordinate.

The ancients linked the heaven, the earth and the man through the gossip, the five elements, the aspect astrology, the Zodiac and the four gods, and finally formed a set of research model which is "unity of man and nature", and this model is used on the man, building, war and natural prediction. It contains the natural factors like the heaven, the earth and the man, and tries to explain the relationships between these three factors. But its divination color can't change its essence of superstition.

In Xiangyin, Hunan province, a set of Zodiac terracotta from Tang Dynasty was unearthed, they are all with beast's head and man's body, wearing the flocket. They were placed at the small niche around the tomb walls, and used to represent the orientation. Similar Zodiac orientation cases were also found in many other tombs. I investigated the Zodiac terracotta from Ming Dynasty in Qingzhou museum in Shandong province, they also categorized by the orientation. The highest of them is about 20 cm, and are all animal shapes, just missing the horse, it is said that the occupant of the tomb was born in the year of horse, this is the reason why the horse is missing. In the tomb of Liurui, the North Qi Dynasty, at Taiyuan, Shanxi province, there are a lot of beautiful murals with Zodiac animal images, Gong Senhao, who is responsible for copying these images, said in "Art Cultivation" issue 1 in 1985: "In the middle, the four gods, Zodiac animals and the thunder god and the bird man are drawn, round the lower edge of the astronomical map. The twelve animals ordered by the meridian orientation, most of the animal run directions are clock wise, and it has the sense of movement that 'rotate with the day'." The Zodiac images in this tomb, are one part of the astronomical map. So at least in the funeral, Zodiac is considered as artistic astronomical orientation.

"Zodiac" decoration that pursue good fortune and avoid disaster

Zodiac is a special ordinal number system, it not only represents satisfactory, also the incessantly continuity is very prominent, the infinite vitality of this concept has been approved in later cultural history. It goes round and round, reveals forever, and this derives the costume ideas that pursue good fortune and avoid disaster, to show the enjoying of the endless happy life. The "Zodiac" is no longer confined to the area of astronomical calendar, but also into the folk life.

Powerful divinity concept is clearly visible in the Zodiac culture. The ancients deduce the time, good and bad, with the theoretical help of the Zodiac Earthly Branches. The tool for forecasting is astrolabe, it consists of the circular heaven plate and the square earth plate. In the earth plate, there are three rings arranged from inside out, the first ring is heavenly stems, the second ring is earthly branches, and the third ring is the twenty-eight constellations. This structure reflects the divinity concept guided by the ancient universe model, the artwork ornaments also infected with the divine color, used for the exorcism.

Take the ancient bronze mirror and copper cash as examples. The Sui and Tang dynasties are the peak period of casting the Zodiac bronze mirror, there are a lot of such kind of cultural relics, the Tang Dynasty Zodiac mirror, which is unearthed in Changsha, is considered as the instruments of avoid evil spirits in Taoism, casting the twelve Zodiac animals into a ring on the back of the bronze mirror. British scholar Joseph Needham, in his book *History of Science and Technology of China* Volume IV "day school" records Tang Dynasty bronze mirror, Zodiac images casted on the bronze mirror, and he thought the mirror had the superhuman strength of there is nothing can hide its shape in front of the mirror. American Sinologist Aibohade "Chinese symbol dictionary" also introduced the Tang Dynasty bronze mirror casting the Zodiac ornamentation. Besides, there are ancient coins casted with Zodiac images. Zodiac coins were specially used in ancient, its meaning is scaring away evil spirits and get rid of disasters, like the Taoism master exorcism coin, one side contains the twelve branches characters and the Zodiac, the other side is the image of the master exorcism, together with the words "Master Zhang". Another usage if for pray, likelongevity with wealth and honor, promotion, etc. It is called pray money.

Ji Xiao Xin Shu is Qi Jiguang's master work of book on the art of war, the six small Rokko God in this book is the personified format of the Zodiac, it can do everything, like control the force of the nature, subdue evil, etc.

Many people think that the *Zodiac* is the culture perticular for Han nationality, but actually it's not. China's minority nationalities have their own Zodiac culture, and also with a long history. The *Zodiacs* of each minority are similar in the order and name point of view, they should be homologous; however, they vary widely in the use method. Meanwhile, *Zodiac* is also commonly seen in foreign. To be known as *four great ancient civilizations* together with China, the Babylon, the ancient Egypt and the ancient India also ever used the Zodiac. As can be seen, the Zodiac is a global culture.

The *Zodiac* contains rich culture implication, the ancients used it both reprent infinite time, twelve o'clock, twelve months and twelve years; also used to indicate the orientation, the boundless space was divided to days, and such kind of folk psychology impacted the artistic creation. Ancient craftsmen left us many beautiful Zodiac craft treasures. The difference between Zodiac patterns and the animal figures is, the Zodiac is collective appearance and indispensable. It accumulated a wealth of informatin about ancient folk lore, and the researchers called it *living heritage*. In every new year customs, the Zodiac is the mascot, it's the continuation of the traditional Chinese calendar years. This ancient culture heritage has the vitality advance with the times. This is the meaning we study its craft decoration ideas.

该文发表于2013年8月召开的 IUAES 2013 World Congress: Evolving humanity, emerging worlds administration (国际人类学与民族学联合会国际会议论坛)

附录二
历峰旗下品牌"上海滩"调研有感

被称为中国第一个奢侈品牌的"上海滩"创立于1994年,由香港慈善家邓肇坚之长孙邓永锵耗资1亿2千万港元在中环毕打街毕打行开设首间专门店。此时的"上海滩"以仿1930年代海派服饰为卖点,营造老上海风情。其间,公司发展势头良好,但服装的定位不甚明确。2000年,"上海滩"被瑞士顶级奢侈品牌集团Richemont收购,使这一中装品牌迈向了世界市场,逐渐与顶级品牌为列。短短十余年,经过转型的Shanghai Tang成长为全球中装第一品牌。历峰旗下拥有卡地亚、登喜路、伯爵、万宝龙等顶级品牌,它对Shanghai Tang进行了全新的包装和改造,并输入了西方设计师,更加明确了国际定位。"上海滩"紧随世界时尚潮流,国际T台大热的流行趋势在"上海滩"中均有所体现。

笔者调研了位于北京银泰中心三层的"上海滩",值得一提的是,橱窗地板的花色与本季主题相应,采取的是服装大片拍摄所在地的地板图案,这种做法让店面和宣传浑然一体,主题也可以更好地传达给消费者。

一踏进"上海滩",便可感觉到店面设计者的良苦用心:惊讶于耳边萦绕的温婉暧昧的老上海歌曲的同时,环顾周围——灯光是温暖而昏黄,家居摆设是博古架和木质门廊,老上海的沙发套被换成了鲜艳明亮的桃红和黄绿,灯是油纸包的灯,镜是老上海的木边镜,连天花板的凸凹都用深色木条包边或强调。强对比、高纯度、平面化是整个店面显而易见的风格,木地板踩起来的吱吱声让你对它的材质无法忽视,琳琅满目的商品加上醒目的颜色让人头晕目眩,连空气中都带有淡淡的姜花味。

营造气氛在设计者看来显然是必要的,店内装有空调,可棚顶还是安装了老上海式的电风扇,"上海滩"不仅拿上海来做卖点,许多清朝代的元素也被利用起来,当然,这也并不牵强,20世纪30年代的服饰的确与旗女之袍一衣带水,同时,西风东渐尤劲的上海着实也吸收了不少西洋元素,这一点恰好迎合了品牌秉承的理念——"东西合璧",既传统又时髦。

极具侨生文化特色的纹饰在近年来的"上海滩"得以充分体现,许多服装图案灵感都来源于此,在颜色方面,同样借鉴颇多。

店内展示的服装多是春夏新款,"上海滩"近年的主题为 KALEIDOSCOPE,从侨生(海峡华人)文化传统汲取灵感,极力表现设计中的绚丽与精致。"通过德国表现主义和柔性立体主义等视效手法阐释主题,从而以更为摩登的面貌表现出来。系列由三组设计构成,皆以侨生文化为灵感,但风格各异,分别是'自然''立体派和艺术装饰风潮',以及集大成的 KALEIDOSCOPE。"

在第一系列"自然"中,设计师从自然中寻求元素,将竹子图案作为重点,用精美的刺绣表现在大衣和夹克上。设计师认为"竹"美名已久,"以四季如一的耐久性与弹性而闻名,亦是命与逆境中勇气的象征"。此外在精神境界上,竹还代表虚怀若谷。这无疑是利用了东方文化的"象征性",我们将植物赋予品格,这一点对于西方人来说非常新鲜,从这一个元素,我们实际上可以推断总结出"上海滩"整个设计的卖点,用外国人所不熟悉的元素搭配富含深意的解释来吸引消费,同时,也利用这些古香古色的设计来唤醒中国人的记忆,借助这份真挚的"怀旧"赚钱。

"第二组设计受到立体派和艺术装饰风潮的启发,充分运用了几何图样。包豪斯印花的灵感根源出自立体派运动,且运用了长命的符号'寿',它贯穿隐匿于印花之下。除了五彩斑驳的印花,包豪斯图案亦运用于一袭明暗重色的提花连身裙,它遍体饰片,显出旗袍式裁剪轮廓的独特风韵"(以上是官方的介绍)。

据导购讲解,很多顾客都认为这一系列的花色像一堆被打乱了的钱币,线条和色彩进行了艺术化的重组,服饰图案非常现代化。但只要瞥一眼领口,便知是"上海滩"。本系列的最后一组设计将众多灵感糅合并现,从侨生文化根源、艺术装饰风潮,到自然和军旅印象,一切巧妙融合、贯穿其中。设计师又以多种蜡染印花与侨生珠宝图案相融合的方法把"侨生"发挥得淋漓尽致。珠宝元素的应用显而易见,图案色彩也极具东南亚风格,细密繁琐的图案与外套浓郁的色彩形成对比,配上今季流行的细腰带,让女性的洒脱和妩媚并存。

"上海滩"的时装元素已经不只局限于老上海,而且也不只局限于中国,名为"上海滩",其实是在搜罗全世界的中华文化。亚洲文化圈是以中国为中心而发展起来的,东方文化无论哪个地区都有华夏文明的影子,而这一切在西方人看来既分辨不了也无需分辨。由此可见,"上海滩"之所以国际化,主要是因为其运营理念在很大程度上照顾到了西方市场的消费心理。这一点不仅仅体现在本季产品中,店内其他过季的服饰或者家居系列、饰品系列都有所体现。

纵观店面所有的服装、家居、饰品等大小商品可以发现,"上海滩"坚持用料上乘,棉、麻、毛、丝绸等天然布料应用广泛,"健康舒适,源于自然"是"上海滩"又一东方思想的体现。同时,"上海滩"在"美观"方面的努力也不容小觑,在"御尊精裁"坊,顾客可以享受由最精雅的海派缝纫技艺带来的定制服务,从而买到细致、华美、合身的成衣制品。

20世纪30年代,老上海旗袍的流行,除了美观婀娜之外,另一原因是便于搭配,所以大街小巷人人都穿,而在材质和工艺方面均无可挑剔的"上海滩",让这些改良旗袍完全配得起"奢侈品"这个称谓。由于发展势头迅猛,"上海滩"很快便由"上海风"变为"中国风"。"上海滩"所展示的睡衣系列交领的设计,刺绣白色绸缎的应用,都借鉴或者直接照搬了古代服饰的样式,这种华贵又舒适的古典睡衣极受追捧。

在"中国风"受到青睐之际,"上海滩"相继推出了男装和童装系列,男装设计中除了将衬衣复兴成老上海时兴的中山装和长马褂样式以外,"毛式风格"也大为所用,红军战士的背包、军服,经过现代化的处理统统被摆上了衣架,原本在798滥大街的"闪闪的红星"居然也在"上海滩"闪耀着,但毫无疑问,这里红星的运用没有那种褒贬难分的争议性,这里的红星大都温顺而朴实地闪耀在小钱包、钥匙环、包链儿上,和那些钱币、"8"一起,乖巧可爱得很。

"上海滩"的童装系列延续了女装的民族性,但款式上稍微西化一些,小短裙,带着立领的小洋装,还有以国宝形象为主的小玩偶造型,精致美好,小鞋子更像是幼儿装,典型的中式材质和款式,上面的汉字在体恤小朋友的同时更是在强调中国味道。值得注意的是,每双鞋子还配有成套的手袋,这也是以往中国童装中不具备的,不知是不是西方设计师的主意,然而这在一定程度上也刺激了消费。

比起男装、童装,"上海滩"的年轻系列似乎销路更好,当然这仍然是以外国人为主。恕我直言,无特殊节庆时,中国男孩子左袖披条龙,右袖带个虎,背后背着成吉思汗射大雕,正面在胃的位置以硕大的英文标着醒目的logo"Shanghai Tang"往往不会被认为是有品位的。所以这种休闲服饰在中国的市场很有限,但是当我们怀疑该品牌的销售情况时,导购小姐却告诉我们,许多外国人对这种装饰极其狂热,甚至有收集癖,往往同一款式买齐所有的颜色。比较而言,我们认为"上海滩"的箱包比它的休闲装更加好看,因为它在设计上更含蓄,不外露,同时也达到了吸引外国游客的效果。如它的一款黑色皮包,在款型上采用了一点中式书包的意思,而且带穗的盘扣完全有原本的皮料制作,低调而和谐。在包链上同样应用了编盘的方式,其间嵌缀的玉石让中式味道十足,更别有一份优雅、简单、大方且实用。每一处装饰都具有一定的机能性,而不是传统元素的简单堆砌。

今季的主打方形手袋,结合了古典与现代,在错综复杂的图案装饰中,方孔铜钱依稀可辨。"上海滩"配饰系列中的手表,依旧是桃红配黄绿。事实上,银泰的"上海滩"店里,处处都能发现两色的组合,除去包装,手表本身用色却相当保守———一般是比较高级的颜色,唯一的亮色点缀在表盘,"寿"字图案应用广泛,好像把"寿"与"时间记录者"结合起来,佩戴者更加长寿吉祥。

腰带的包装盒也有细节,值得注意的是盒盖上的窗格装饰,拿在手中的感觉是特别精致可爱,窗格的大小非常合适,窗纸似乎还很透明,关键是它给人惊喜的感觉,我只能感受但无法言传。总之,那种中国人的朴实勤劳,谦和宽容,还有一点点羞涩还喜欢热闹的感觉做得很到位。

另外一款旅行箱包组合,款式虽中规中矩,但以老上海的老照片为布料花纹,这无疑是"上海滩"的看家本事。逛遍"上海滩",真正让我们能产生像之前的包装盒那样紧贴中国心的感受的产品并不多,它的那些花旗袍,那些印着慈禧、溥仪头像的鲜艳抱枕,连店员都说"中国人放在家里都会觉得吓人,但老外喜欢";那些纯黑的格子门密密麻麻,却缺一点东方红木的古朴吉祥,你总感觉它想掏空一切来表现,生怕你错失它的一点儿精彩,它拒绝内敛,它爱表现的气质是那么的欧化,尽管它细密拥挤,尽管它的中国元素多到目不暇接。

所以,当你在百度输入"上海滩"时,评论结果总是褒贬不一的。有人说因为"外国设计人员始终无法深入理解中国,他们眼中的中国永远都是流于表面的";有人却说"这恰恰是'上海滩'的聪明,当局外人以一种全新的视角去观察时",会发现它"与上海的气质多么吻合",虽然浮华却依旧吸引人。依我看来,如果从立足于市场来说,"上海滩"的确是聪明的,事实也证明如此。但是,它所发扬的未必是地道的"中国精神",而这种争议性让"上海滩"必定"风云"。

我在"上海滩"除了询问、观察以外,最大的收获是终于明白了究竟什么是"中国风",这个词语不属于本土,而是存在于那些欧美人的视角中。从14世纪起,西方人就发现了东方元素的美感并开始自行仿造,"中国风"便是欧美人按照自己对于东方风土人情的想象所造就的一种装饰风格。换句话说,所谓"中国风",实际反映了西方人对东方艺术的理解,掺杂着西方传统的审美情趣。所以"中国风"不需要参透中国文化,"中国风"只有皮毛何妨,这并非是批评,因为"中国风"的基础和受众基本都在西方。况且,"中国风"的利用开拓了时尚设计的新天地,加速了东西交流,也造就了商业价值。

"上海滩"正是"中国风"的产物,这也可以解释之所以是"大上海的小趣味",是因为"上海滩"抓住了那些有代表性的小元素来吸引眼球,利用这些小趣味重燃中国人的恋旧心和西方人的好奇心。

我询问过店员来到"上海滩"消费的中国人的情况,答案是"跟西方人交往密切的",要么是在外留学要参加舞会,要么在外企时常出席聚会,在中国人里罕有穿着"上海滩"服饰的,这也证明"上海滩"属于"中国风"。因此,虽然"上海滩"带向世界时尚舞台的不是中国"文化"而是中国"元素",但是以此吸引人们更多地了解中国文化却是可行的。

所以,我们可以不必纠结于"上海滩"没有"为人民服务",一个商业品牌为谁做是它的自由,我们也不必激动地呼吁"做出中国人的气质",本土设计师们一直在努力,而由"神"转"形"又谈何容易。但是如果我们较真儿,倒是可以改一下我们对其企业理念的理解——"上海滩"真的只是个明艳的"海滩",是它沟通了本土与外界,所以她有西方甚至是世界的影子,她让西方人享受那种微妙的似曾相识,但对于古老的国度,她展现的只是最外围的让人觉得神秘的"看上去很美",还有广阔的、深沉的、委婉的,那些厚重的关乎灵魂的"内陆"等待我们挖掘和体验。

后　记

　　原始各部族的动物图腾,体现了早期人类与动物和谐共处的亲善关系,作为它的衍生物——生肖文化,也对传统民俗产生了重要影响。只须略加对照十二生肖的生灵性情和文化神格,我们就会发现,很难说有哪一种吉祥文化能这样恰当地借喻、比拟成每个人的生命符号。"十二生肖"是中华民族用动物符号描绘出来的一种特殊的纪年方法。

　　用十二地支搭配十二种动物的生肖,具备美好祝愿和心灵祈求的象征意义,已深入到社会生活的各个领域,是我国家喻户晓的群众性传统民俗。在人们今天的生活里,生肖虽是点缀小趣,却也能从一个侧面反映出时代的文化智慧和设计理想。解析"十二生肖"图形的寓意和功能,准确把握其使用场景,让它们适宜地应用于当今服饰中,有助于帮助传统文化焕发生机,更加贴近当代人们的生活理想和审美意趣。

　　"生肖文化"不仅是一项传统课题,更是一项非常重要、也非常深广的设计应用课题。民间生肖文化与现代服饰设计的研究,有助于创新传统服饰,从而继续发扬我国的传统服饰文化。本书的目的之一在于为以后中式服饰的开发寻找到更多丰富的题材和依据。以"生肖文化"作为切入点,为中式服装和配饰的设计提出一些新的建议和方案。

　　本书对深化社会史、人类史、风俗史、文化史、艺术史的研究也大有裨益。在整理资源的过程中,我认为"生肖文化"使用借喻、双关、比拟、象征等手段表达出来的最原始、最本真的生活理想,恰恰是了解中国人民俗和情感愿望的最佳途径。同时,它也有助于我们了解传统设计"中庸思想"的事理逻辑和精神意趣。

　　书中收录的一些文章,是我近年来涉足"传统与现代"这一学术领域取得的零碎成绩,它亦属于"柒牌非物质文化研究与保护基金课题"的阶段性研究成果。

　　这本书的出版使我获得一个表达感恩的机会。我首先要感谢李当岐教授,因为他的热忱鼓励,我才承担了2013年度的"非遗"课题,也因此直接推动我去开拓这一学术领域。其次,要感谢《现代传播》《服饰导刊》《服装设计师》等多家期刊的编辑,还有中国传媒大学出版社黄松毅老师的细致工作,若没有他们,这本书也难以这么快问世,在此一并感谢。

李楠

2015年11月于中国传媒大学

图书在版编目(CIP)数据

民间生肖文化与现代服饰设计/李楠著. —北京:中国传媒大学出版社,2017.9
ISBN 978-7-5657-1564-8

Ⅰ.①民…　Ⅱ.①李…　Ⅲ.①十二生肖-文化-研究-中国 ②民族服饰-服装设计-中国
Ⅳ.①K892.21　②TS941.742.8

中国版本图书馆 CIP 数据核字（2016）第 316657 号

民间生肖文化与现代服饰设计

著　者	李　楠
责任编辑	黄松毅
责任印制	阳金洲
封面制作	拓美设计
出版发行	中国传媒大学出版社
社　址	北京市朝阳区定福庄东街1号　邮编:100024
电　话	86-10-65450528　65450532　传真:65779405
网　址	http://www.cucp.com.cn
经　销	全国新华书店
印　刷	北京艺堂印刷有限公司
开　本	710mm×1000mm　1/16
印　张	13.5
字　数	228 千字
版　次	2017 年 9 月第 1 版　2017 年 9 月第 1 次印刷
书　号	ISBN 978-7-5657-1564-8/K·1564　　定　价　59.00 元

版权所有　　翻印必究　　印装错误　　负责调换